GESTÃO ESTRATÉGICA DE NEGÓCIOS

MARINO BRUGNOLO FILHO

NELSON LUDOVICO (ORG.)

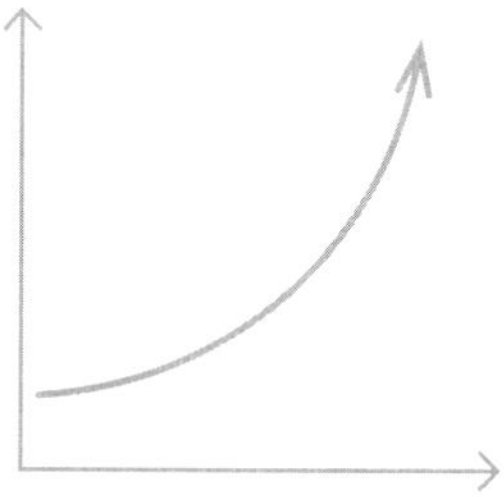

saraiva uni

SOMOS EDUCAÇÃO | saraiva uni

Av. das Nações Unidas, 7221, 1º Andar, Setor B
Pinheiros – São Paulo – SP – CEP: 05425-902

SAC
0800-0117875
De 2ª a 6ª, das 8h às 18h
www.editorasaraiva.com.br/contato

ISBN 978-85-472-3312-9

DADOS INTERNACIONAIS DE CATALOGAÇÃO NA PUBLICAÇÃO (CIP)
Aline Graziele Benitez CRB-1/3129

B915g Brugnolo, Mariano Filho
1.ed. Gestão estratégica de negócios / Marino Brugnolo Filho; [org.] Nelson Ludovico. – 1.ed. – São Paulo: Saraiva Educação, 2018.
(Coleção Gestão Empresarial)

Inclui bibliografia.
ISBN 978-85-472-3312-9

1. Gestão empresarial. 2. Gestão estratégica – negócio. I. Ludovico. II. Título. III. Série.

CDD-658

Índices para catálogo sistemático:
1. Gestão empresarial: estratégica
2. Negócios

Diretoria executiva Flávia Alves Bravin
Diretoria editorial Renata Pascual Müller
Gerência editorial Rita de Cássia S. Puoço
Aquisições Fernando Alves (coord.)
Julia D'Allevo
Edição Ana Laura Valerio
Neto Bach
Thiago Fraga
Produção editorial Alline Garcia Bullara
Amanda M. Loyola
Daniela Nogueira Secondo
Serviços editoriais Juliana Bojczuk Fermino

Preparação Elaine Fares
Revisão Rita Del Monaco
Diagramação MSDE / MANU SANTOS Design
Capa MSDE / MANU SANTOS Design
Impressão e acabamento Bartira

1ª edição

EDITAR 603741 CL 651245 CAE 627710

Sobre os autores

Marino Brugnolo Filho tem formação em engenharia de produção pela Escola Politécnica da Universidade de São Paulo (Poli/USP), economia pela Faculdade de Economia, Administração e Ciências Contábeis da Universidade de São Paulo (FEA/USP) e mestrado pela Fundação Getulio Vargas (FGV). Foi doutorando em TI-Inovação na Escola de Administração de Empresas de São Paulo (FGV/EASP) e professor do Instituto Nacional de Pós-Graduação (INPG).

No mercado, atuou como diretor da Annova Consultoria, onde implantava projetos organizacionais de estratégia, produtividade, qualidade e sistemas. Também foi diretor do Gartner Group do Brasil, cujas atribuições envolviam a comercialização e o acompanhamento de projetos estratégicos e de tecnologia, com o objetivo de avaliar impactos da tecnologia em estratégias do negócio do cliente (melhoria contínua, transformação e ruptura), integração tecnológica, segurança da informação e *outsourcing* de TI e de processos empresariais. Tem ampla experiência em conduzir trabalhos com equipes multidisciplinares no Brasil, EUA, México e Argentina.

Nelson Ludovico é pós-doutor em International Relations pela Florida Christian University (FCU, Estados Unidos), doutor em Comércio Exterior pela American University (Estados Unidos), mestre em Negócios Internacionais pela Universidad Nacional de Lomas de Zamora (UNLZ, Argentina), pós-graduado em Comércio Exterior, Operações e Serviços pela Universidade São Judas Tadeu (USJT), graduado em Administração de Empresas e também em Comércio Exterior. Professor universitário desde 1979, leciona pela Escola de Administração de Empresas de São Paulo (FGV/EAESP), desde 1984, e pela FGV Management em cursos de MBA pelo país. É professor convidado pela Fundação Instituto de Administração (FIA/USP). No Centro Paula Souza, do Governo do Estado de São Paulo, é orientador e participa de bancas examinadoras. Leciona como professor convidado pela FCU (Estados Unidos) em cursos de mestrado e doutorado em São Paulo e Luanda (em Angola, na África), e é coordenador de cursos de pós-graduação e MBA em Comércio Exterior e Logística.

Consultor internacional, realiza projetos para empresas brasileiras nos Estados Unidos, na América do Sul, na Europa e na África. É também palestrante, parecerista, pesquisador e articulista, além de autor de vários livros da Editora Saraiva, na qual é organizador da Série Gestão Empresarial. Pela excelente atuação na área, ao longo da carreira foi contemplado com vários prêmios nacionais e internacionais.

Apresentação

Foi com imensa satisfação que conheci, em 2005, em São José do Rio Preto, o prof. Marino Brugnolo Filho (*in memorian*), quando realizei, como coordenador do Instituto Nacional de Pós-Graduação (INPG), o lançamento do curso de MBA em Logística Internacional, com mais de 250 participantes. O prof. Marino foi o apresentador do lançamento, e recordo-me perfeitamente de sua participação à mesa.

Deste momento em diante, passamos a ter amizade acadêmica e, por sua maneira admirável de lecionar a disciplina de Gestão Estratégica, convidei-o para fazer parte do seleto grupo de professores desse curso.

O tempo foi passando e, em 2014, surge a oportunidade de procurar um profissional, que também fosse professor com renome nacional, para juntos escrevermos um livro sobre Estratégia, dando continuidade à Série Gestão Empresarial, da Editora Saraiva. Não me veio à mente outra pessoa, que não fosse o prof. Marino.

Nos reunimos para um café no Jardim das Rosas, na Avenida Paulista, onde ele normalmente ia tomar café, e lhe expliquei os objetivos do livro e como deveríamos desenvolver os temas. Após um bom bate-papo, o convite para essa parceria foi aceito, e resultou nesta obra. Ah, sempre nesse mesmo local, reuníamo-nos para discutir o andamento do projeto.

A vida, no entanto, reserva-nos inúmeras surpresas, e não foi diferente com o prof. Marino – fora chamado, prematuramente, para um outro plano.

Com o livro praticamente pronto, dependendo apenas de alguns ajustes, o tema foi levado para sua tese de doutorado na Fundação Getulio Vargas (FGV), onde foi aprovado pela banca examinadora, tornando-o, *in memorian*, Doutor.

Mas sua obra aqui está, imortalizando-o e imortalizando, também, o seu trabalho!

Vamos a ela.

Muito representativa para o desenvolvimento das organizações, principalmente com a nova onda da 4ª geração industrial, a obra sintetiza mudanças de comportamento empresarial, no qual os modelos de negócios obrigam as empresas a reverem seus conceitos e recriarem estratégias para os modelos de gestão.

Dentre os capítulos, merece destaque o **Capítulo 2** - Organização de projeto de gestão estratégica, que detalha as fases do planejamento.

No **Capítulo 3** – Análise do ambiente externo, o prof. Marino teve o cuidado de alertar sobre as forças e ameaças do ambiente externo da organização, incluindo, para melhor compreensão do leitor, a análise SWOT.

Para não deixar passar despercebido, o **Capítulo 4** aborda o ambiente interno, com destaque para o diagnóstico empresarial, tão importante nas questões de competitividade e de terceirização.

Outro ponto importante da obra, que merece destaque, consta no **Capítulo 6** - Estratégia organizacional, o qual explicita que não há uma única estratégia que se aplique a todas as organizações, mas que ela deve ser adaptada aos objetivos e às necessidades de cada empresa. Para melhor ilustrar, o autor detalha conceitos básicos associados a estratégias.

Para fechar de maneira brilhante, os **Capítulos 7** e **8** orientam sobre a elaboração e implantação do plano de negócios, coroando a obra e conduzindo o leitor a reflexões sobre o sistema implantado nas organizações.

Com muito orgulho, e não como obrigação, homenageio o grande amigo e emérito prof. Marino Brugnolo Filho com a publicação desta sua obra, que o eternizará.

Sucesso para o livro!

Prof. Nelson Ludovico, Ph.D.
Pós-doutor em Relações Internacionais
Organizador da Série Gestão Empresarial

Sumário

1

INTRODUÇÃO À GESTÃO ESTRATÉGICA

Objetivos do capítulo

Com o estudo deste capítulo, você será capaz de:

- entender os conceitos de competitividade estratégica, vantagem competitiva, retorno acima da média, *mindset*, processo de gestão estratégica, missão, objetivos, metas, estratégias;
- compreender o valor gerado com a adoção e o uso de processo estruturado de gestão estratégica;
- analisar as forças que agem no ambiente competitivo em que a organização atua e como elas moldam o mercado da organização;
- conhecer os modelos de organização da indústria (I/O Model), o modelo de recursos organizacionais (RBM, em inglês *resource-based model*) e seus impactos na estratégia;
- compreender como transformar o modelo de gerenciamento estratégico em um plano de trabalho com os produtos esperados.

1.1 Introdução

O ambiente turbulento que tem caracterizado recentemente a economia mundial e brasileira traz como consequência descrença em desenvolver planos estruturados de negócios e usar gestão estratégica como ferramenta de administração, seja para o empreendedor ou para o administrador. Fato é que há diversas forças que atuam nos mercados das organizações impondo-lhes mudanças que exigem planejamento, administração e controle. O século XXI trouxe novos horizontes com a globalização, a revolução tecnológica, a inovação em diversos setores econômicos, a "explosão" de novos produtos e serviços que utilizam recursos organizacionais e a velocidade com que decisões precisam ser tomadas. O mundo dos negócios precisa antecipar possíveis surpresas, daí a necessidade de as organizações otimizarem recursos (pessoas, tempo, recursos financeiros e outros recursos materiais) e utilizarem processos que possam determinar os objetivos e como atingi-los. A isso denomina-se **processo de gestão estratégica**, que analisa a importância de as empresas considerarem frequentemente as forças causadoras de mudanças, suas tendências e impactos, que exigirão formulação de estratégias e competências para adicionar valor ao negócio.

Desenvolver um processo de gestão estratégica organizacional deve contar com a experiência dos executivos e seu empenho em definir objetivos de longo prazo e como atingi-los, requerendo que os planejadores dos negócios:

- Analisem o ambiente competitivo de suas organizações, observando as forças competitivas, as mudanças e as vantagens competitivas;
- Discutam o novo horizonte de concorrência no século XXI, que pode envolver:
  - avanços tecnológicos – revolução tecnológica e inovação e seus correspondentes impactos na estrutura, processos e cultura organizacionais;
  - *mindset* dos executivos;
  - hipercompetição;
  - globalização e manobras globais envolvendo mercados e geografias, recursos, produtos, serviços e preços;
  - impactos causados pela era da informação, com o impressionante aumento da velocidade, impactos na cadeia de valor, redes de organizações, virtualização etc.;
  - facilidade para introduzir novos produtos e serviços no mercado.

1.2 Gestão estratégica como ferramenta no ambiente competitivo de negócios

Dados de empresas norte-americanas que levantam e analisam estatísticas de atividades de negócios naquela economia concluem que a má administração é responsável por 90% dos fracassos nos negócios. Quase metade desses fracassos é atribuída à tomada inadequada de decisões, e a outra metade se deve a diferentes fatores que aqui se encontram listados:

- Desconhecimento do mercado;
- Desconhecimento do produto e/ou serviço;
- Problemas com qualidade;
- Localização inadequada;
- Problemas na relação com os fornecedores;
- Tecnologias de produção obsoletas;
- Imobilização excessiva do capital;
- Política equivocada de crédito;
- Falta de controle de custos e de gestão financeira;
- Falta de sistema de planejamento e informações gerenciais.

Podemos perceber claramente que esses motivos estão relacionados com a ausência de processos estruturados de gestão estratégica e de seu domínio pelos tomadores de decisão na organização. É durante a elaboração de um plano estratégico – ou **plano de negócios** (como chamaremos daqui em diante) – que os tomadores de decisão, alertas para forças que geram mudanças no mercado em que atuam e com olhar voltado para a crescente complexidade do ambiente de negócios, devem trazer temas sensíveis para discussão. Esses temas podem estar associados ao sucesso ou ao fracasso de determinada organização, mas sempre devem fazer parte da agenda executiva para os anos futuros.

Vamos analisar com mais detalhes alguns temas fundamentais para uma eficiente gestão estratégica organizacional.

1.2.1 Avanços tecnológicos: revolução tecnológica e inovação

Um importante tema que trata das mudanças no ambiente competitivo e que pode afetar o futuro dos negócios são os avanços tecnológicos, pois trazem impactos na natureza da concorrência e no contexto de atuação da organização ou da indústria.

O uso da tecnologia, a era da informação e a gestão do conhecimento podem ser consideradas as tendências principais que operam nas mudanças e na instabilidade dos modelos de negócios em ambiente concorrencial.

O mundo dos negócios enfrenta, atualmente, altas taxas de difusão tecnológicas, ou seja, a velocidade com a qual as novas tecnologias são apresentadas, disponibilizadas, entendidas e passam a ser usadas em oferta de produtos e serviços para gerar resultados para os negócios.

Produtos e serviços são profundamente afetados pelos avanços tecnológicos decorrentes de tecnologias da informação e as organizações passam a desenvolver e entregar novos produtos e serviços no mercado em tempo muito reduzido. Trata-se da chamada **destruição produtiva**, com a substituição de produtos antigos pelos seus sucessores, originados em curtíssimo tempo. Como exemplo podemos considerar os videocassetes para gravação de programas de televisão nos anos 1980, totalmente substituídos por CDs e DVDs nas décadas seguintes, e que atualmente podem, inclusive, ser baixados pela internet – e isso em apenas 30/40 anos! A engenharia genética é outro exemplo desses avanços e seus impactos nos negócios.

A difusão das tecnologias, por outro lado, permite que organizações apreendam rapidamente informações de pesquisa e desenvolvimento de seus concorrentes e iniciem ações para imitar um concorrente como fonte de obtenção de vantagem competitiva. O uso de patentes protege as organizações, mas em certas indústrias, como a eletrônica, as organizações não desejam mais patentear seus achados em pesquisa e desenvolvimento para não permitir à concorrência o conhecimento de suas tecnologias, que necessariamente têm de ser descritas em uma solicitação de patente.

Outra forte discussão que surge no processo de gestão estratégica é se a tecnologia forçará a divisão das organizações por um lado, conectando-as por outro lado como se fossem neurônios, ou se esse papel será desempenhado pelos negócios e sua natureza. Por exemplo, se a organização quiser um novo canal de vendas através da internet, é preciso que clientes e concorrentes a conheçam melhor – nesse caso, a tecnologia é apenas um vetor através do qual as forças de mercado se declaram. Os *e-marketplaces* são genuínas formas de negócios em que especialistas têm melhor desempenho do que generalistas. A tecnologia apenas os une de forma a conseguir informações mais rapidamente e com mais confiabilidade.

As organizações atentas podem criar novos mercados de atuação fazendo uso das novidades tecnológicas. O mundo das telecomunicações e da eletrônica dão exemplos importantes das novidades que rapidamente surgem, são adotadas e substituídas por outras. Os impactos podem ser muito sérios para algumas organizações, porém aquelas que, em algum momento, cercaram-se de recursos superiores, experiência e acesso a novas tecnologias por diferentes fontes (alianças, fusões e aquisições ou pesquisa interna contínua), têm condições de se adaptar a novas realidades de produtos e serviços. Quando o advento de uma nova tecnologia passa a criar uma indústria, surgem os entrantes potenciais para dividir o bolo.

Há que se considerar também as vantagens que a utilização da tecnologia da informação permite às organizações conectadas, como:

- Negócios não se restringem a apenas alguns lugares, mas podem ser conduzidos em qualquer lugar que os profissionais queiram, mesmo que esses profissionais não se encontrem fisicamente. Muitas organizações, hoje, já compram, vendem e negociam pela internet;
- Negócios podem ser conduzidos a qualquer hora – mesmo quando não houver pessoas para conduzi-los. Entrada e acompanhamento *on-line* de ordens já são padrão para muitos setores;
- A informação não precisa fluir de cima para baixo na hierarquia organizacional, mas pode caminhar das bases de dados e pessoas que as possuam para aqueles que dela necessitam (que podem ainda não ter reconhecido suas necessidades). Muitas organizações têm intranets e muitas outras investiram em poderosos sistemas de gerenciamento do conhecimento;
- Negócios podem se beneficiar de ativos que não sejam sua propriedade. As organizações usam provedores de serviços para operacionalizar

processos de negócios essenciais para elas – a computação em nuvem é um exemplo. Ao se conectar, uma organização irá alinhar seus processos e construirá ligações com os processos de seus parceiros de negócio. Os processos interempresariais daí resultantes deverão ser mais rápidos e eficientes que os que foram substituídos. Tais processos deverão ser complementados por processos táticos, igualmente mais rápidos do que os de hoje. Essa velocidade ocorrerá por motivos técnicos e sociais:

- os aspectos técnicos incluem virtualização, acompanhamento em tempo real e simulação de resultados;
- os aspectos sociais incluem estratégias claras e bem comunicadas, políticas e *empowerment* dos profissionais.

O processo de tomada de decisões estratégicas é inevitavelmente mais lento. Infraestrutura de sistemas mais adaptáveis e atitudes mais flexíveis dos gerentes são necessárias para permitir aos executivos considerar novidades no enfoque e implantação de decisões mais rapidamente.

Outro tópico central em avanços tecnológicos é a virtualização de organizações inteiras e de negócios.

A virtualização de negócios pode levar à melhoria do desempenho organizacional através da conectividade. Permite eliminar, estreitar ou alargar fronteiras organizacionais por meio de novos processos e tecnologias, bem como conectar cadeias de valor de diferentes organizações, em diferentes geografias e clientes. A virtualização reduz barreiras técnicas para a comercialização de produtos e serviços das organizações ao mesmo tempo em que os blocos comerciais formados no mundo apoiam as organizações a reduzir barreiras sociais e legais à comercialização de seus produtos e serviços. As principais mudanças ocorrem na forma de fazer negócios, na qualidade dos produtos e serviços prestados, nos custos, nos novos canais formados, na velocidade como dados e informações são trocados. Tudo isso está mudando inexoravelmente o modelo de negócios em diversas indústrias.

Um novo canal de vendas através da internet aproxima organizações, como dissemos. Clientes e concorrentes passam a conhecer melhor com quem estarão lidando. As redes sociais, por sua vez, aproximam clientes entre si e com as organizações com as quais realizam trocas. Em suma, há novos modelos de negócios que estão promovendo mudanças definitivas no ambiente competitivo de algumas indústrias, seja através de melhorias nos canais existentes, seja pela integração em cadeias de valor ou transformação da indústria em que a organização atua ou, até mesmo, pela convergência na qual a transformação é tão profunda que algumas indústrias tendem a desaparecer.

1.2.2 *Mindset* dos executivos

Outra mudança importante no ambiente competitivo é no *mindset* dos executivos. Economias de escala ou vultosos orçamentos em propaganda não são mais tão eficazes quanto costumavam ser. Os administradores devem adotar posturas que valorizem a flexibilidade, velocidade, inovação, integração e os desafios que surgem devido a mudanças nas condições e necessidades organizacionais.

A competição forte pela qual o mundo dos negócios passa agora exige profissionais muito bem treinados, assertivos e rápidos. Eles têm de tomar decisões sobre os negócios, mesmo não estando presentes fisicamente no palco dos acontecimentos. As organizações esperam que eles sejam proativos para se autotreinarem, conheçam muito bem os negócios (e seus correspondentes processos) pelos quais se responsabilizam e estejam habilitados para prever os impactos das decisões tomadas. A tecnologia, nesse caso, é classificada como vetor e não como agente.

1.2.3 Hipercompetição

Outro aspecto que está alterando definitivamente o ambiente em que se realizam trocas entre organizações é a hipercompetição. Em situações de hipercompetição, afirmações como "estabilidade do mercado" devem ser substituídas por noções de forças que afetam continuamente os negócios e provocam mudanças. Esses são os ingredientes para se escalar a concorrência para reposicionamento no preço – qualidade, criação de novo *know-how*, vantagem do primeiro movimento e concorrência para proteger ou invadir mercado estabelecido de produto.

A tendência é que, se tudo isso ocorrer em uma mesma indústria, os negócios "fervam", transformando-se em demanda de clientes, com alto grau de exigência quanto a prazos, qualidade, preços e serviços. Essa poderosa pressão interna tem de ser liberada em algum lugar: nos fornecedores, que usando do mesmo modelo, intensificarão a pressão na indústria da qual fazem parte, com a expansão do ciclo.

1.2.4 Globalização e manobras globais envolvendo produtos, preços, barreiras

Outra importante mudança no ambiente competitivo é a globalização que "desconhece" fronteiras, seja para que as organizações comercializem seus produtos, adquiram insumos necessários para produzi-los ou vão em busca de competências adequadas para serem utilizadas em diferentes geografias. Esse movimento está impondo conceitos de qualidade e custos para muitas economias. As organizações têm de admitir essa força em seu processo de gestão estratégico.

A economia global é aquela que movimenta livremente mercadorias, serviços, pessoas, habilidades e ideias em diferentes geografias. Sem ser afetada por restrições de comércio internacional, a economia global está em franca expansão e a vida das empresas em franca complicação. Há, sem dúvida, oportunidades e ameaças importantíssimas advindas da globalização, como a Europa unificada como união monetária, e imenso número de consumidores. Merece destaque a participação dos BRICS[1] nesse cenário. A China, antes vista pelo Ocidente como economia de baixa competitividade e produtividade, é atualmente mercado fortíssimo, competitivo, atraindo organizações transnacionais que lá encontram ambiente de negócios de intensa concorrência com as organizações locais, que produzem a baixo custo e que, com grande rapidez, colocam produtos no mercado. A economia chinesa vem reduzindo sua expansão em mercados internacionais, pois estrategicamente o planejamento centralizado da economia tomou a decisão de desenvolver seu mercado interno. A China exporta talentos gerenciais para a economia mundial. A Índia, chamada de "a maior democracia do mundo", tem sua economia crescendo perceptivelmente a taxas altas. O mercado global ainda vê com bons olhos o Brasil, a África do Sul e o México. E, no mundo, atualmente, há muitas economias emergindo.

A hipercompetição está se tornando a marca registrada para as organizações que desejam concorrer em mercados globais. Por isso, é inútil desconsiderar a globalização. O chamado **global mindset**, que em última análise significa "não pensar apenas para uma geografia", caminha vigorosamente. Como vasos comunicantes, as economias e suas organizações vivem intensa interdependência, que podem ser avaliadas com o fluxo de mercadorias e serviços, capital financeiro e intelectual que se observa entre diferentes geografias. A globalização é a forma de aumentar o leque de oportunidades para as organizações presentes e atuantes no ambiente competitivo. São características do novo ambiente empresarial a economia digital, o mercado eletrônico e a integração digital, a globalização, a customização em massa, entre outros.

Autores diversos afirmam que globalização é mais do que fazer negócios em determinado número de países. Envolve fazer negócios no mundo inteiro, de nova forma, equilibrando qualidade do produto ou serviço com necessidades locais. O sucesso das organizações pode ser entendido em termos de quatro disciplinas de valor, apresentadas a seguir e demonstradas na Figura 1.1:

1 Agrupamento econômico composto, atualmente, por: Brasil, Rússia, Índia, China e África do Sul. Importante destacar que não se trata de um bloco econômico, mas de um mecanismo internacional considerado um "agrupamento informal" de países emergentes.

- **Excelência operacional:** desenvolver produtos e serviços com qualidade reconhecida e preço competitivo;
- **Reconhecimento da marca:** criar percepção de excelência nos clientes de forma que paguem preço *premium*;
- **Liderança em produtos e serviços:** criar produtos e serviços que se tornem padrões em sua categoria;
- **Conhecimento do cliente:** entender as necessidades individuais dos clientes para criar soluções ideais.

Figura 1.1 Disciplinas de valor organizacional

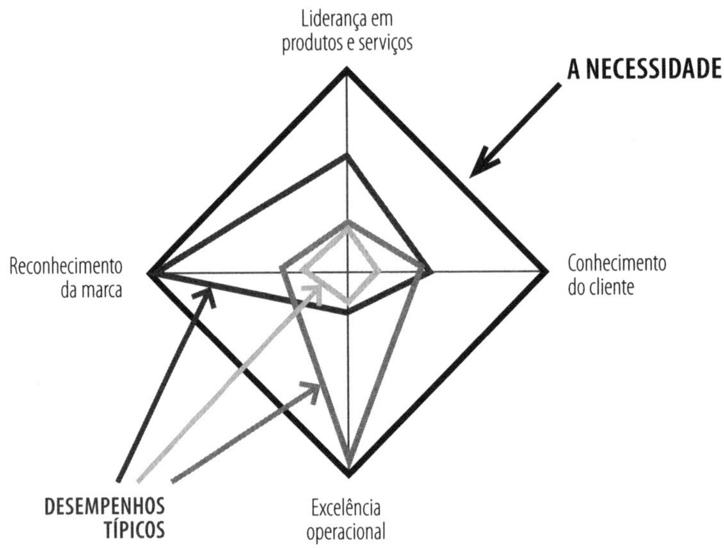

Fonte: adaptado de GARTNER GROUP.

As organizações "classe mundial" – transnacionais que produzem e comercializam produtos e serviços em mercados globais com qualidade e preços competitivos – exigem excelente desempenho em todas as disciplinas mencionadas. Isso, no entanto, é caro e difícil de ser mantido ao longo do tempo. As organizações bem-sucedidas selecionam uma das disciplinas acima e mantêm o foco em obter excelência nessa disciplina. Não se trata de falha de gerenciamento, mas consequência de processos diferentes e incompatíveis, além de valores e cultura necessários para suportar tais disciplinas. Está claro, porém, que os clientes irão sempre requerer excelência em todas elas. As organizações só poderão entregar produtos e serviços classe mundial se estiverem preparadas para usar as diferentes capacitações organizacionais em diferentes disciplinas de valor.

As economias flutuam muito e isso pode acarretar pressões sobre preços, por exemplo, o que não exclui a possibilidade de obtenção de sucesso em outras disciplinas de valor. As organizações, por seu lado, têm buscado se modernizar para acompanhar a evolução dos mercados e da sociedade, com base em princípios. Deve estar preparada para transformar seu negócio constantemente em ambiente que privilegia a inovação, precisando com isso alterar os princípios que utiliza. As organizações que transformam seus próprios negócios para aproveitar as novas oportunidades de mercado, bem como se proteger contra riscos dessa transformação, devem obedecer aos seguintes princípios:

- Análise de tendências de negócios;
- Conhecimento do valor do cliente;
- Rápida avaliação, aprovação e entrega do produto;
- Seleção e introdução de tecnologia;
- Utilização estratégica da informação;
- Gerenciamento de mudanças;
- Estabelecimento de alianças;
- Gerenciamento da infraestrutura;
- Gerenciamento de custo e risco;
- Aprendizado, desaprendizado e reaprendizado.

A discussão que obriga executivos a fazer longos estudos estratégicos é sobre se é melhor **comprar** ou **produzir** em dimensões globais. Se essa discussão já faz parte do manual das organizações, atualmente deve incluir como ingrediente global a internet. A internet tem peso fundamental para os negócios, e precisa ser de amplo domínio do tomador da decisão de comprar ou produzir. Com isso, espera-se que a nova organização seja conectada, seguindo o exemplo dos neurônios humanos através dessa rede denominada *web*.

A Figura 1.2 exemplifica o modelo de negócios em ambiente competitivo global: o capital financeiro do mercado nacional ***i*** é usado para comprar matéria-prima no mercado nacional ***j***, que é enviada para o mercado nacional ***m***, onde ocorre a produção. As tecnologias de fabricação (máquinas e processos) são adquiridos do mercado nacional ***k***. Os produtos, por sua vez, são produzidos no mercado nacional ***m***, com pagamento da mão de obra local. Produtos e serviços podem ser vendidos em qualquer mercado, assim como no mercado nacional ***n***. Como dito anteriormente, a globalização é a forma de aumentar o leque de oportunidades para as organizações presentes e atuantes no ambiente competitivo.

Figura 1.2 Modelo de negócios em ambiente competitivo global

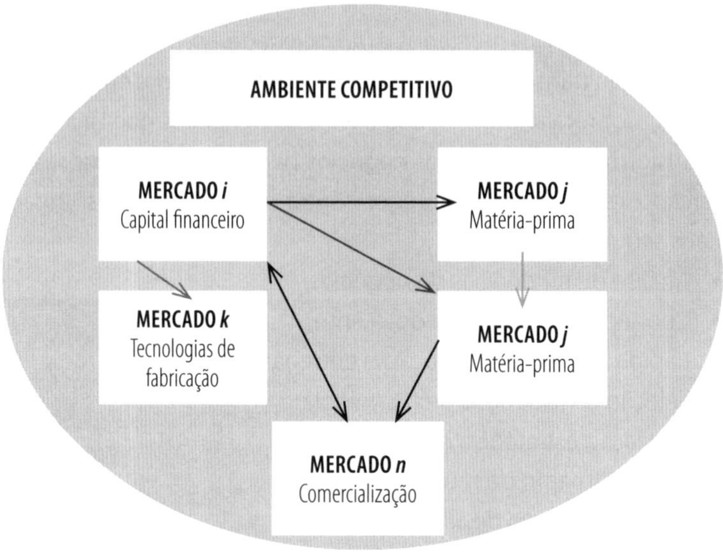

Outra forte discussão ocorrida na sociedade, iniciada há alguns anos, era referente às organizações *pontocom*, que idealizavam o @ como o negócio em si. O mercado e suas forças demonstraram que isso não é verdade – conseguimos separar o que é economia real do que é economia virtual.

A virtualização reduz apenas barreiras técnicas para a comercialização de produtos e serviços das organizações, quando os blocos comerciais formados no mundo apoiam as organizações a reduzir barreiras culturais e legais à comercialização de seus produtos e serviços. Tais barreiras são aspectos sensíveis a considerar no processo de gestão estratégica para entender, entre os diferentes mercados em que a organização atua, quais são as especificidades de produtos e serviços, pessoas e movimentação livre pelas fronteiras.

Diferentes mercados podem exigir mudanças no desenho do produto, no processo de fabricação, na distribuição e na forma de prestação de serviços. Mas, em geral, a globalização exige níveis mais altos de padrões de desempenho em diversos aspectos concorrenciais. Incluem-se aqui qualidade, custo, momento correto de lançar um produto, eficiência operacional. A globalização traz à tona um aspecto muito importante para aquelas organizações do mercado doméstico que não desejam competir globalmente – os clientes passam a comprar produtos e obter serviços de organizações globais, com qualidade superior e melhores preços, trazendo um conjunto de ameaças aos negócios locais. Outro aspecto relevante refere-se à mão de obra, fator importantíssimo para obtenção de vantagem competitiva – a mão de obra global pode migrar rapidamente para outras regiões e ser considerada tão boa quanto as locais. Por sua vez, as organizações que desejam competir globalmente deverão demonstrar capacidade de obter ou exceder padrões globais para conseguir retornos acima da média.

Como em qualquer atividade, participar de ambiente competitivo global não o isenta de riscos, devido ao desconhecimento dos mercados em que se deseja atuar. Um elemento desse risco é o tempo de aprendizagem sobre como atuar no novo mercado, processo que é desconhecido para a organização. Os impactos ocorrem no desempenho organizacional que necessitarão de tempo para serem desenvolvidos no novo mercado de atuação ou com a transferência do mercado da matriz para o novo mercado. Presença global intensa pode também ser fator de risco e a organização que assim deseja agir deve se certificar de suas habilidades para gerenciar tais operações. Os impactos dessa intensa diversificação podem afetar negativamente o desempenho global da organização.

Organizações que pretendem se globalizar, ou já globalizadas que pretendam desenvolver planos de negócios, devem usar com muita propriedade o processo de gerenciamento estratégico. Mercados globais são opções estratégicas que qualquer organização deve avaliar, mas podem ser considerados apenas uma das fontes de competitividade. É necessário que as organizações globais mantenham olhos bem abertos para oportunidades tecnológicas e/ou rupturas tecnológicas decorrentes da inovação.

1.2.5 A era da informação e da velocidade

A **era do computador** se diferencia da **era da informação**, e cada uma delas tem características particulares. A era da informação se iniciou no Brasil na metade da década de 1980, com enfoque em negócios, contrariamente aos anos anteriores, nos quais o enfoque era técnico. Em todas as geografias, trouxe em seu bojo a possibilidade de rapidamente acessar e usar eficientemente a informação para obtenção de vantagem competitiva em processo de gestão estratégica em praticamente todas as indústrias. Nota-se no ambiente competitivo que pequenas organizações concorrem em pé de igualdade com grandes empresas no uso de informações. Há pesquisa brasileira indicando a evolução no uso de tecnologias da informação pela sociedade, com projeções alvissareiras para o futuro. O preço de *hardwares* está diminuindo, o preço dos aplicativos e demais *softwares* está crescendo, e há perceptível aumento em acessos a redes. As redes de comunicação são interligadas mundialmente, permitindo ubiquidade (estar ao mesmo tempo em todos os lugares), e a consequência é o aumento do número de computadores e aplicativos em uso. O crescimento no uso de tecnologia da informação é mundial e considerado como uma das formas de obtenção de vantagem competitiva para a maioria das indústrias. As redes de comunicação que integram a internet se desenvolveram muito nos últimos anos, permitindo acesso a dados em diferentes regiões do mundo e uso de dispositivos móveis, outro evento mundial de grandes proporções. Sinais de rádio concorrem com sinais de satélite para capturar e transformar dados. As organizações têm de revisar seus processos – têm migrado seus processos para os aplicativos ERP[2] e trabalham intensamente em formas de armazenagem de dados para poderem se beneficiar do volume imenso de dados que atualmente têm à sua disposição. O *Business Analytics*[3] surge com impressionante força por disponibilizar aos executivos imensas bases de dados. Saber tratar esses dados, conciliando-os com o processo de gestão estratégica para elaboração de planos de negócios, torna-se crucial atualmente. As organizações, mercados, tecnologias e as pessoas evoluíram muito com o advento da era da informação.

1.2.6 A sociedade do conhecimento

Conhecimento organizacional é fonte de vantagem competitiva se gerar valor e puder ser compartilhado. Utiliza-se de tecnologia, hoje com alta disponibilidade no mercado, é ativo organizacional crítico para algumas indústrias, tem forte aliado na tecnologia da informação e se origina na experiência e observação. É ativo intangível para o planejador estratégico – deve ser alavancado internamente e estar disponibilizado em produtos e serviços para acirrar a concorrência.

No passado, as organizações se definiam em termos de seus ativos físicos. As manufaturas ou operadores de serviço de transporte eram, e ainda hoje são, exemplos típicos da importância que dão ao ativo fixo empresarial. No entanto, ativos intangíveis têm se tornado cada vez mais importantes, passando a representar aumento no valor de mercado da organização. As formas principais de ativo intangível – marcas, capital intelectual e relacionamentos – refletem três das quatro disciplinas de valor apresentadas na Figura 1.1. E, embora menos óbvio, capital intelectual está se tornando vital para a efetiva exploração dos ativos físicos. Os ciclos econômicos aumentam a necessidade de se focar em ativos intangíveis, e alguns desses ativos existem apenas na cabeça dos colaboradores que detêm o conhecimento.

2 Sigla de *Enterprise Resource Planning* – em português, Planejamento dos Recursos da Empresa.

3 Trata-se de uma abordagem centrada em dados que combina a análise preditiva à inteligência de negócios.

Se os ciclos econômicos criarem redundâncias, tais ativos desaparecem definitivamente da organização. O aumento da importância do capital intelectual faz com que as organizações deem mais atenção ao seu gerenciamento; isto exige deles menos atenção a outras coisas. Esse é um dos elementos principais da sociedade do conhecimento.

Organizações que estejam desenvolvendo planos de negócios têm de considerar o conhecimento organizacional como elemento para obtenção de vantagem competitiva. A Gestão do Conhecimento[4] e a Aprendizagem Organizacional estão emergindo como importante disciplina em gerenciamento de negócios nas organizações de ponta no mercado. Da mesma forma que outras disciplinas gerenciais, como Gerenciamento Financeiro e Gerenciamento de Recursos Humanos, Gestão do Conhecimento e Aprendizagem Organizacional são bastante amplas em escopo e escala. Muitos dos problemas tratados nessas disciplinas referem-se a organização, pessoas e motivação.

O ambiente atual de negócios tanto pode ser considerado viabilizador e facilitador do gerenciamento do conhecimento, como dependente do conhecimento para o aproveitamento de suas contribuições, contanto que esteja alinhado à realidade organizacional e de negócio. O conhecimento organizacional ocorre em diferentes níveis:

- A alta administração e os executivos devem se reunir para criar confiança, além de definir e discutir objetivos;
- Gerentes operacionais devem colaborar para definir processos e níveis de serviço;
- Demais profissionais do conhecimento devem colaborar para criar desenhos e gerenciar a cadeia de suprimentos;
- Processos operacionais devem se relacionar para suportar processos interorganizacionais.

Os níveis estratégicos e gerenciais das empresas estarão em comunicação constante para decidir o que será melhor para os negócios conectados. As maiores e melhores oportunidades, bem como os maiores desafios, ocorrerão no suporte à colaboração entre os profissionais de conhecimento mais voltados às operações.

O treinamento e a aquisição de treinamento são as portas de entrada para obter conhecimento, que deve ser difundido rapidamente na organização. Com o conhecimento desenvolve-se a flexibilidade estratégica, que surge também como

4 Em inglês, *Knowledge Management* (KM).

disciplina organizacional, pois associa conhecimento à solução de problemas em ambientes de risco e incerteza. A organização deve ter processos facilitadores para difundir o conhecimento adquirido. Por seu lado, há aspectos tecnológicos ligados à gestão do conhecimento e à aprendizagem empresarial que podem gerar consideráveis mal-entendidos nos processos de gestão de conhecimento e aprendizagem organizacional e nas arquiteturas de sistemas e tecnologias que suportam tais processos. Organizações hábeis ao tratar com as diversas tecnologias, sistemas aplicativos e acessos são percebidas como aquelas com maior flexibilidade estratégica.

1.2.7 Flexibilidade estratégica

A flexibilidade estratégica deve estar presente em todas as áreas da organização, não é tarefa fácil e pode surgir a qualquer momento ao longo do tempo. A organização deve voltar a "aprender" para ter flexibilidade estratégica. Aprendizado contínuo passa a ser fator crítico de sucesso ao envolver pessoas no dia a dia das operações e no processo de gestão estratégica. O processo de gestão estratégica deve discutir estratégia organizacional focada em conhecimento; o 'valor de mercado' em conhecimento e o capital intelectual irá se beneficiar muito com a adoção desse tipo de estratégia.

Organizações candidatas para desenvolver estratégias focadas em conhecimento são aquelas que tem pelo menos **quatro** das **oito** características abaixo:

1. As funções primárias são aplicações de conhecimento e dependentes de experts. Empresas de pesquisa fazem parte desse grupo;
2. O valor do capital associado ao conhecimento é alto e a relação informação/tecnologia é maior do que 2 para 1. Empresas da área de saúde, em geral, atendem a esse critério;
3. A organização se caracteriza como indústria volátil e muito competitiva. Empresas de serviços financeiros se enquadram nessa condição;
4. Organizações líderes em seu setor de negócios concorrem através da gestão do conhecimento. Empresas de consultoria e empresas farmacêuticas fazem uso constante, e pesado, de gestão do conhecimento e aprendizado organizacional.
5. Organizações virtuais ou que atuam em diferentes geografias. Empresas que têm atuação global ou que tenham muitos parceiros de suprimentos e serviços na cadeia de valor se enquadram nessa condição.

6. Organizações cujas funções primárias de negócio requerem inovação ou criatividade. Empresas de *software* ou de marketing podem se encaixar nessa característica.
7. Organizações nas quais a perda de capital intelectual afeta significativamente o negócio e a preparação de novos experts é processo complexo e demorado. Empresas de TI, de alta tecnologia, aeroespacial, *brokers*[5] e de engenharia podem se encaixar nessa característica.
8. O negócio está sujeito a mudanças contínuas e /ou frequentes. Empresas com negócios ou funções na internet ou desenvolvimento de *softwares* podem ser candidatas a atender a essa característica.

1.2.8 Facilidade em introduzir novos produtos e serviços nos mercados

A tecnologia disponível atualmente permite que usemos informação de produtos e análise de negócios como suporte para estratégias de análise de portfólio de produtos, planejamento do ciclo de vida do produto, gerenciamento de atividades e execução dessas atividades em cada fase da vida do produto, que são a idealização, o desenho e o desenvolvimento do produto, bem como sua produção, serviço, crescimento e descontinuidade. Os aplicativos de gerenciamento de ciclo de vida dos produtos permitem que fabricantes tenham acesso às informações do produto e possam executar atividades vitais em seu ciclo de vida. Alterações em produtos são capturadas imediatamente nas listas de materiais e ajudam a reduzir a probabilidade de erros na produção que resultam em perdas e desperdícios ou retrabalho.

Uma das disciplinas de valor importante para as organizações classe mundial refere-se a custo de produção. Sem apoio tecnológico do gerenciamento do ciclo de vida do produto, torna-se mais difícil promover melhorias de custo de produção e de planejamento da produção – a necessária aquisição de matérias-primas a preços convenientes. As organizações que atuam em indústrias centradas em produto devem desenvolver estratégias de ciclo de vida dos seus produtos levando em consideração os impactos no relacionamento com os clientes. Há aplicativos ERP que atuam nessa área para dar soluções integradas às organizações e aos clientes. Houve substancial avanço tecnológico em desenho e estrutura de produtos, desenho de processos, análise de processos, todos associados a custo e qualidade. As organizações devem se beneficiar desse gerenciamento ao pensar estrategicamente em novos produtos.

5 Empresas que atuam como intermediárias nas transações comerciais ou prestando serviços às indústrias.

1.3 Conceitos importantes para o processo de gestão estratégica

Ambientes turbulentos, intensa rivalidade, escassez de recursos faz com que concorrentes analisem com mais profundidade os ambientes competitivos e tomem decisões que se alinhem a sua visão dos fatos, de forma estruturada e iterativa. Há razões para se acreditar que organizações que tomam decisões seguindo essa linha sejam muito competitivas e obtenham resultados ou retorno acima da média. As organizações atingem tais resultados quando passam a usar o processo de gestão estratégica (ver Figura 1.3), que é definido como o conjunto completo de compromissos, decisões e ações necessárias para se ter competitividade estratégica e altos retornos. O objetivo da gestão estratégica é entender como pensam os planejadores, motivados pela incessante busca por vantagem competitiva, apoiando-os nas necessárias ações a serem tomadas quando tratam de mudanças que ocorrem no ambiente de negócios, decorrentes de forças controláveis ou não. Esse processo será explicado em detalhes ao longo dos capítulos deste livro, porém os conceitos centrais associados à gestão estratégica são descritos abaixo.

1.3.1 Competitividade estratégica

Toda organização que adota o processo de gestão estratégica em sua administração se associa, de imediato, à competitividade estratégica.

Na busca por essa competitividade, a organização utiliza o conhecimento dos profissionais na análise do ambiente externo e interno, privilegia a participação de diferentes níveis hierárquicos para definir missão, objetivos, metas e estratégias e elabora um plano estratégico.

1.3.2 Plano estratégico

É o produto acabado de um processo de gestão estratégica. Envolve parcelas da estrutura organizacional em sua elaboração e parcela maior da estrutura organizacional em sua implantação. Desenvolvido em abordagem *top down*,[6] necessita de apoio dos demais níveis organizacionais para sua implantação, ou abordagem *bottom up*.[7] É peça fundamental que orienta ações e indica como será feita a alocação de recursos para traçar o caminho que a organização pretende seguir.

6 De cima para baixo: do mais alto para o mais baixo, cada nível vai sendo detalhado até chegar nos níveis mais básicos do sistema.

7 De baixo para cima: do mais básico para os níveis mais complexos do sistema.

Caso seja implantado, o plano estratégico indica os impactos que a organização sofrerá, além de ser elemento de comunicação para os públicos interno e externo. Tanto o público interno quanto o externo passam a tomar suas decisões com base no plano estratégico definido e aprovado.

O plano estratégico, antes de ser implementado, deve ser submetido ao conselho, e poderá ser ou não aprovado dependendo das alternativas de investimento em jogo na organização naquele momento. Volta-se a citar que recursos são escassos e tomadores de decisão são racionais, procurando o maior retorno possível para seus investimentos. Se aprovado pela alta administração, o plano deve ser implantado, controlado e frequentemente atualizado.

Um plano estratégico, bem como os projetos que o compõem, é o resultado de adoção de **estratégia**.[8] Estratégia é um conjunto completo, integrado e coordenado de compromissos, decisões e ações necessárias para explorar competências centrais e obter vantagem competitiva. Deve estar em sintonia fina com objetivos e metas organizacionais e representa um caminho que a organização decide seguir, fazendo as devidas escolhas em um universo de alternativas competitivas possíveis. É com a estratégia e seus projetos que a organização indica o que pretende fazer e onde quer chegar – são os projetos que a organização irá desenvolver em determinado horizonte de tempo. Os projetos são a pavimentação do caminho escolhido pela organização.

1.3.3 Vantagem competitiva

É conseguida quando uma organização implementa a estratégia e seus projetos formadores sem que, momentaneamente, seus concorrentes consigam copiar ou, por razões de custo, considerem difícil de imitar. Se os concorrentes tentaram realizar a mesma estratégia e foram malsucedidos, aí então a organização pode ter confiança de que a estratégia adotada resultou em uma ou mais vantagens competitivas úteis. O tempo que os concorrentes levam para reagir e adquirir as habilidades necessárias para obter benefícios similares é o tempo de duração de uma vantagem competitiva.

8 A palavra ***estratégia*** é de origem grega, originada da palavra ***strategos*** que significa "chefe do exército". Durante séculos os militares usaram essa palavra relacionada ao caminho que era dado à guerra visando a vitória militar. Com o tempo, a palavra de uso militar passou a ser usada comumente pela sociedade. Em Administração, ganhou o sentido de "o caminho que a organização irá seguir para atingir seus objetivos, indicando que uma vez escolhido, o retorno pode mostrar-se difícil". Indo além, como a estratégia está ligada ao caminho, ou seja, ao futuro da organização, a palavra foi naturalmente agregada à noção de "planejamento", que pode ser entendida como ferramenta administrativa para construir referencial futuro.

Outra consequência da adoção do processo de gestão estratégica é a mudança que obtém nas capacitações de seu pessoal por passarem a pensar e agir estrategicamente. A organização se torna flexível.

1.3.4 Flexibilidade estratégica

Já descrita no subtópico 1.2.7, é o conjunto de capacitações usadas para responder a várias demandas, oportunidades e ameaças existentes em ambientes dinâmicos e competitivos que lidam com riscos e incertezas.

O **risco**, em ambiente voltado para gestão estratégica, refere-se à incerteza do investidor quanto a ganhos ou perdas econômicas resultantes de um investimento específico. Todo investimento envolve incertezas que tornam os futuros retornos sobre o investimento arriscados. Os principais fatores que criam incertezas nos investimentos são: o risco da taxa de juros, o poder de compra devido à inflação, a taxa de risco do mercado *bull-bear* para organizações de capital aberto[9], os riscos gerenciais ao tomar decisões, o *default*[10] devido a mudança na integridade financeira do investimento, a liquidez do ativo, entre outros.

As incertezas apresentadas acima são algumas das principais fontes de risco do investimento, mas não as únicas. Se todas as incertezas pudessem ser listadas, certamente se somariam ao risco total do investimento ou à variabilidade total do retorno. A taxa de retorno é o resultado mais importante para um investimento, e nela se baseia a maior parte da substituição de um risco. Num mundo de incertezas, os investidores não conseguem afirmar exatamente qual será a taxa de retorno que determinado investimento terá; contudo, conseguem formular uma distribuição de probabilidade das possíveis taxas de retorno. Pelo lado quantitativo, a substituição de um risco pode ser medida pela distribuição de probabilidades das taxas de retorno, pois assim mede-se indiretamente a probabilidade de prejuízo, dano ou perda. Nesse sentido a distribuição de probabilidade da taxa de retorno pode ser usada como sinônimo de risco.

Os **retornos acima da média**, importantíssimos ao se desenvolver projetos de gestão estratégica, ocorrem quando os resultados para investidores forem maiores do que eles teriam se tivessem investido em outros projetos com risco semelhante.

9 *Bull:* quando os índices associados a um ativo financeiro crescem consistentemente de um ponto mínimo, por determinado período de tempo, atingem um pico e começam a cair; *bear:* o período de queda do mercado para o ativo até um ponto próximo do mínimo.

10 Quando as condições definidas em uma operação são alteradas de forma unilateral, a situação é considerada um *default*.

Vejamos a seguir outras capacitações utilizadas na flexibilidade estratégica de uma organização:

- **Missão:** mandato conferido pelos acionistas de uma organização ao corpo de colaboradores, tendo por orientação o atendimento das necessidades dos grupos de interesses.
- **Objetivos:** referem-se a **o que** será alcançado e a **quando** os resultados serão obtidos, mas não a **como** esses objetivos serão alcançados. Os objetivos que afetam a direção e a viabilidade da empresa como um todo são chamados objetivos estratégicos.[11]
- **Políticas:** tratam-se de regras para se escolher entre as possíveis alternativas de ação.[12]
- **Metas:** são os passos ou as etapas perfeitamente quantificáveis e com prazos determinados para atingir os desafios".[13]
- **Prazos de planejamento:** relação entre a agressividade com que a organização deve atuar e a turbulência na indústria da qual faz parte. Há autores que afirmam que atualmente os horizontes de longo prazo já não são mais factíveis, uma vez que as mudanças acontecem em velocidade muito maior, e as turbulências do mercado também ocorrem com maior frequência. Por exemplo, tentar prever o comportamento do mercado e os movimentos dos concorrentes no prazo de um ano e, sobre essas previsões, estabelecer a estratégia da organização é desperdiçar esforços da equipe de planejadores. Hoje, o horizonte de planejamento deve ser medido em meses, não em anos, e o plano estratégico precisa ser revisto quase mensalmente. Essas ideias sugerem que o plano não deve ser demasiadamente detalhado; deve assemelhar-se mais a um conjunto harmônico de diretrizes de curta duração. Só dessa forma há flexibilidade necessária para acompanhar as mudanças do mercado e os movimentos dos concorrentes. No entanto, esse tipo de visão, com características de uma administração do dia a dia, não deve abandonar o planejamento que visa ao longo prazo. Apesar das pressões cotidianas, é preciso compreender a diferença entre competir no presente e competir no futuro.

11 MINTZBERG, H.; QUINN, J. *The strategy process:* concepts and contexts. New Jersey: Prentice Hall, 1992.

12 ACKOFF, 1975.

13 OLIVEIRA, 1991.

A Figura 1.3 apresenta os principais agrupamentos de funcionalidades a serem desenvolvidos no processo de gestão estratégica.

Figura 1.3 Processo de gestão estratégica

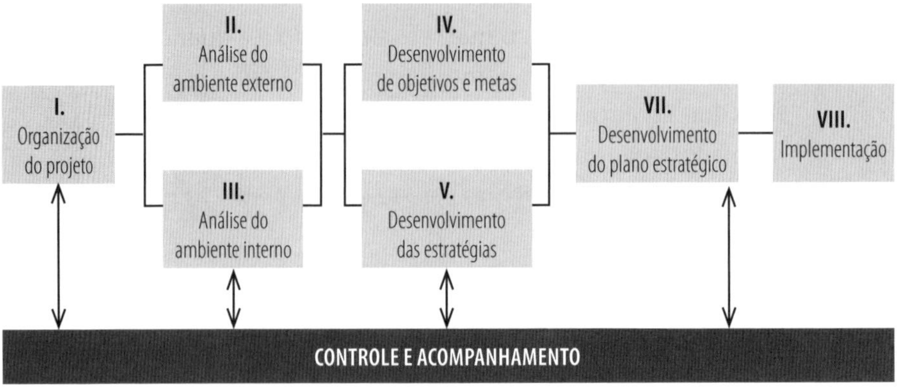

É com a adoção do processo de gestão estratégica que as organizações, em seus diversos níveis, passam a discutir os conceitos: gestão estratégica, competitividade estratégica e estratégias. Em outras palavras, alteram seu *mindset*, atualizam-se com avanços tecnológicos de maneira organizada e metódica, compartilhando o conhecimento por toda sua extensão. Beneficiam-se das vantagens da sociedade da informação – sem barreiras, tais conceitos passam a fazer parte do dia a dia dos profissionais que tratarão com muita tranquilidade da obtenção de vantagem competitiva e retornos acima da média.

1.4 Modelos usados no processo de gestão estratégica

O processo de gestão estratégica da Figura 1.3 está associado a modelos teóricos de ampla aceitação e talvez esse embasamento técnico, aliado a experiência e conhecimento dos planejadores, pode explicar porque algumas organizações são consistentemente bem-sucedidas em seus negócios enquanto outras não. A discussão do ambiente competitivo, influenciado pela globalização das economias, rápidas mudanças tecnológicas e informação em demasia, talvez seja o fator crítico de sucesso para se analisar o impacto direto desses fatores na condução dos negócios.

O processo de gestão estratégica envolve conceitos teóricos fundamentais, mesmo que os profissionais envolvidos não se deem conta deles e dos aspectos referentes a relacionamentos e a administração de projetos. Quanto à teoria administrativa, a gestão estratégica traz à cena dois modelos que auxiliam as organizações na coleta e análise de dados, bem como na sua adequada transformação em conhecimento organizacional, que deve ser compartilhado internamente e gerar valor para o negócio. São o I/O Model, modelo que ajuda os planejadores a entender a indústria na qual a organização se localiza, e o *Resource-Based Model* (RBM), que esclarece quais recursos e capacitações são necessários para a formação de sua visão, missão, objetivos, metas e formulação de estratégia.

1.4.1 I/O Model

O modelo da organização da indústria (I/O Model), usado em processo de gestão estratégica, explora o ambiente externo em que a organização está inserida e extrai dele os principais ingredientes para a formulação de estratégias. Como resultado da utilização desse modelo em análises externas, as organizações têm domínio das ameaças e oportunidades a que estão submetidas. Ameaças e oportunidades são, genericamente, fatores-chave externos **fora** do controle da organização e que afetam sua ação estratégica.

1.4.2 Resource-Based Model (RBM)

O modelo com base em recursos (*Resource-Based Model*), usado em processo de gestão estratégica, foca-se no ambiente interno da organização e explora as capacitações, competências centrais e demais recursos organizacionais associando-os à competitividade estratégica. Durante o processo de gestão estratégica, há muitas partes interessadas que devem ser ouvidas, pois o grau de atendimento das expectativas das partes interessadas afeta significativamente a busca pela competitividade estratégica e o retorno acima da média. Como resultado da utilização desse modelo em análises internas, as organizações passam a conhecer os pontos fracos e fortes a que estão submetidas. Pontos fracos e pontos fortes são, genericamente, fatores-chave internos, totalmente **sob controle** das organizações e que afetam sua ação estratégica.

Como resultado da análise dos ambientes externo e interno, a organização acaba realizando a conhecidíssima análise SWOT.[14]

1.4.3 Workshop estratégico

Quanto ao relacionamento empresarial, utiliza-se a técnica do workshop. Um workshop estratégico envolve competência centrais, média e alta administração.

14 SWOT – **S:** Strenghts ou pontos fortes; **W:** Waknesses ou pontos fracos; **O:** Opportunities ou oportunidades; **T:** Threat ou ameaças.

É técnica útil e deve ser bem planejada e conduzida para que a organização, através de seus profissionais, redefina, se necessário, sua missão, objetivos e metas organizacionais. Alguns dias poderão ser suficientes para identificar/confirmar objetivos-chave assegurando-lhes a devida unicidade e consistência.

Definidos os objetivos, o grupo envolvido no workshop deve estar habilitado a desenvolver metas quantitativas para cada objetivo delineado. As estratégias serão decorrentes dos objetivos e deverão ser traduzidas em projetos para os diferentes níveis organizacionais, com prazos definidos, produtos acabados esperados e investimentos planejados.

1.4.4 Os três níveis de planejamento em organizações típicas

O planejamento operacional deve seguir o planejamento tático, que deve seguir o planejamento estratégico. As especificidades de cada organização em cada indústria devem ser aqui consideradas, como o prazo de planejamento. O conceito de longo prazo, médio prazo ou curto prazo são específicos para cada indústria e devem ser assim considerados na elaboração de plano do negócio de uma organização que faz parte de determinada indústria.

1.4.5 Metodologia para elaborar o plano de negócios

O processo de gestão estratégica (Figura 1.3) é composto de compromissos, decisões e ações necessários para que a organização ganhe competitividade com retornos acima da média. O processo de gestão estratégica deve ser planejado por etapas, fase e tarefas, conduzido de forma simples e objetiva, redundando no esperado plano estratégico ou plano de negócios. Usaremos a denominação plano de negócios de agora em diante no texto por padronização.

Um modelo proposto para a criação de um plano de negócios é o apresentado no Quadro 1.2, sintetizado em seis etapas, a serem desenvolvidas com as possíveis ações que precisam ser executadas em cada uma delas.

O Quadro 1.2 é a transformação do processo de gestão estratégica em um plano de trabalho de seis etapas que ajuda a explicar como as organizações podem atingir competitividade estratégica e obter retornos acima da média. Aquelas organizações que adotaram o processo de gerenciamento estratégico precisam estruturar as atividades a serem desenvolvidas para obterem resultados que as faz serem vistas como bem-sucedidas. As bem-sucedidas são as que usam um processo de gerenciamento estratégico para elaborar um plano de negócios simples e objetivo.

Quadro 1.2 Etapas de um plano de negócios

	ETAPA	AÇÕES A TOMAR
1	Organização do projeto estratégico	Estrutura de desenvolvimento do plano estratégico, cronogramas, prazos, recursos para desenvolver o plano
2	Diagnóstico empresarial (SWOT)	Análise interna e externa
3	Workshop estratégico	Visão, missão, objetivos, metas
4	Elaboração do plano, orçamento, prazos	O plano elaborado com orçamentos, recursos, prazos
5	Condução do plano pelas áreas	A organização das áreas que desenvolverão projetos estratégicos
6	Acompanhamento do plano	O *feedback* necessário para a organização

A seguir, vamos detalhar cada uma das etapas apresentadas no Quadro 1.2.

1. Organização do projeto estratégico

A primeira etapa no processo é a organização do projeto de elaboração do plano de negócios. É na organização que se define o envolvimento da alta administração com o projeto, define-se o gestor do projeto, com a responsabilidade de montar equipe para desenvolver o plano de negócios, fixar prazos, planejar e programar tarefas e elabora o orçamento para desenvolvimento do plano.

2. Diagnóstico empresarial (análise SWOT)

Definida a equipe e, com a autorização para ir adiante no diagnóstico, a etapa seguinte será analisar o ambiente externo e interno para determinar recursos, capacitações e competências centrais. Aqui deve-se usar algumas ferramentas, apresentadas e discutidas com mais intensidade nos próximos capítulos, mas muito importantes para a realização das análises externas e internas, como:

- Análise do ambiente (demográfico, econômico, sociocultural e tecnológico);
- Análise das 5 forças de Porter (clientes, concorrentes atuais, fornecedores, novos entrantes e produtos substitutos);
- Análise da cadeia de valor da empresa e do produto;
- Análise de capacitações.

3. Workshop estratégico

Quando já se conhece a situação atual, os executivos devem participar de um workshop estratégico, com adesão maciça de tomadores de decisão e dedicação total durante a condução do workshop. Os executivos envolvidos deverão:

- Desenvolver ou confirmar a missão organizacional: definição de princípios orientadores que guiam o conjunto total de ações adotadas na organização e que definirão a direção para seu movimento de modo geral;
- Desenvolver objetivos de curto prazo para a organização: objetivos são caracterizados em sua forma e associados à missão. Alguns poderão ser medidos rapidamente e estes se caracterizam como os de curto prazo. Denominados de *quick hits* exigem prontidão organizacional imediata para sua consecução;
- Desenvolver objetivos de longo prazo para a organização: outros objetivos devem ter seus resultados acompanhados por período mais longo. Podem corresponder aos aspectos relacionados às integrações, parcerias ou à evolução do crescimento da empresa;
- Definir as estratégias a serem seguidas pela organização, com foco nas vantagens que puderem ser sustentadas ao longo do tempo;
- Elaborar estratégia de marketing, considerando análise do consumidor; análise do mercado; análise da concorrência e da própria empresa; análise dos canais de distribuição; e criação de *marketing-mix*, que define as características tecnológicas do produto, do ponto de vista tangível; a localização dos pontos de venda e da quantidade necessária para estabelecer certa fidelidade do cliente; os esforços promocionais para estimular o consumo do produto e a definição do preço unitário do produto;
- Definir o processo operacional, apontando o grau de tecnologia e automação, o níveis de eficiência e estrutura de custos;
- Definir a estrutura organizacional com descrição de cargos, distribuição de papéis que explorem as competências dos gestores e que os estimule a uma orientação para aprendizado contínuo;
- Definir a estrutura societária na qual se compartilha a forma de se obter o capital inicial e o capital intelectual;
- Definir os aspectos jurídicos e tributários;
- Elaborar cenários econômicos que interpretem adequadamente oportunidades e ameaças, pontos fortes e fracos.

4. Elaboração do plano, orçamentos, prazos

Para implementar as estratégias e projetos acordados ao final do workshop, a organização deverá implantar projetos que a levarão a ganhar competitividade e obter retorno acima da média. Esse produto serve de base para decidir se o plano vai ou não ser implantado, frente à diversidade de investimentos que a organização necessita fazer. Os planejadores deverão:

- Definir investimento de capital e análise de *payback period* para o plano;
- Análise econômico-financeira da organização considerando evolução horizontal (no tempo) e vertical (a cada período);
- Elaborar uma projeção do fluxo de caixa para determinar estimativas do capital de giro necessário;
- Definir a estrutura de custos e despesas, dos investimentos e desembolsos que não agregam valor ao negócio;
- Elaborar uma projeção do Demonstrativo de Resultados do Exercício (DRE) para antever lucros ou prejuízos e interferir no processo de tomada de decisão;
- Elaborar uma projeção de Balanço Patrimonial.

5. Condução do plano pelas áreas

Se aprovado, o plano de negócios passará a ser executado pelas áreas envolvidas diretamente com projetos, entregando produtos no prazo e investimentos acordados. E o plano deve ser continuamente avaliado.

O plano de negócios será um instrumento válido de administração desde que seja combinado com o planejamento e a execução de uma atividade de implantação em bases apropriadas. Foi com base nessa preocupação que surgiu o conceito de administração estratégica, isto é, o enfoque combinado de planejamento estratégico e implantação – Ansoff afirma: "A formulação sistemática de estratégias é um instrumento potencialmente frustrante e ineficaz quando está divorciado da implantação." Quanto à administração estratégica, o autor ressalta que para a empresa ter sucesso e sobreviver a ambientes competitivos, ela "deve ajustar a agressividade de seus comportamentos operacional e estratégico à mutabilidade das exigências e oportunidades no mercado. Quanto maior a turbulência, mais agressiva deve ser a reação da empresa".

6. Acompanhamento do plano

A revisão deve ser realizada permanentemente para assegurar ao plano validade e vida longa. Vale ressaltar que um plano empresarial não é autossuficiente, pois depende do administrador que o elabora, implementa e acompanha, garantindo a sua utilidade.

1.5 Considerações finais

Planos empresariais precisam ser elaborados e constantemente revisados no atual ambiente das organizações, onde a competição cresce a passos largos. Os processos adotados para criar-se planos têm apresentado falhas. Em uma pesquisa que avaliou a atitude dos gestores frente aos planos realizados, constatou-se que mais da metade dos respondentes afirmaram serem insatisfatórios os planos de suas organizações.

Corre-se ainda um grande risco de se elaborar os planos estratégicos e depois esquecê-los. Apesar disto, as organizações continuam tentando acertar, aperfeiçoando seus planos por décadas seguidas. O problema aqui apontado seria a tendência exagerada de copiar as estratégias de sucesso – *benchmarking* – o que nem sempre agrega valor ao negócio.

Há pessoas bem-sucedidas que garantem nunca terem estabelecido um plano formal em seus negócios e ter se saído muito bem. Defendem sua posição dizendo que as metas tornam as pessoas inflexíveis, e especificar objetivos pode fazer com que alguma oportunidade passe despercebida. Querem fazer crer que, ao acaso, vão aproveitando as oportunidades que as generosas mãos do destino colocam em seu caminho. Essas pessoas estão equivocadas. E há outras que são as primeiras a experimentar novas técnicas analíticas como o planejamento de portfólio, análise das competências essenciais, definição da missão da organização, gestão baseada em valor agregado e conceitos correlatos.

É importante colocar que

> "não há ninguém no mundo dos negócios que não reverencie esse fenômeno místico que é a intuição e reconheça sua participação no sucesso. As boas inspirações são importantes para o sucesso da empresa, mas elas são misteriosas, caprichosas e nem sempre aparecem quando se precisa delas. A intuição acaba guiando escolhas. Muitas vezes são acertadas. Em outras, nem tanto".

Atualmente, com certeza não há falta de informações. No entanto, encontrar a informação certa para uma pequena empresa pode ser como procurar agulha num palheiro. Isso porque a maioria dos proprietários não se deu ao trabalho de identificar as informações que querem ou de que precisam. Elas precisam ser gerenciadas e tratadas como fonte crítica. Com base nas informações, o empreendedor ou administrador estará em condições de estabelecer os objetivos do empreendimento de acordo com o ambiente em que estará atuando. Ao definir metas, o empreendedor deixa de lado muitas incertezas.

Estudos mostram que as pequenas empresas são as mais carentes no uso de técnicas administrativas. A análise estratégica nelas presente, muitas vezes, ignora a existência de Planejamento Estratégico. Atribui-se tal carência ao fato de que:

- pequeno porte das empresas inviabiliza a utilização dessas técnicas;
- Falta de recursos dificulta a contratação de profissionais competentes;
- Há desconhecimento ou falta de credibilidade enfrentada pelo processo de modo geral.

Aqui pode-se ressaltar que as técnicas administrativas, por si só, não garantem o sucesso de um negócio. Elas apenas proporcionam ao empresário maior possibilidade de acerto; é preciso considerar que todo negócio tem uma grande dose de intuição, que muitas vezes pode suplantar os aspectos técnicos.

Resumo

O estudo deste capítulo possibilitará o aumento de conhecimentos relativos à gestão estratégica. Os principais conceitos foram resgatados, há novos conceitos apresentados, há um modelo de gerenciamento estratégico disponível para adoção e uso imediatos por organizações que competem em ambientes atuais de negócios, complexos e turbulentos.

Questões para discussão

1. Explique os seguintes conceitos estratégicos, dando exemplos de:
   - competitividade estratégica
   - estratégia
   - vantagem competitiva
   - risco
   - processo de gerenciamento estratégico

2. O ambiente estratégico das organizações em que atuamos têm determinadas características que devem ser entendidas pelo planejador estratégico. Quais são essas características?
3. Discorra sobre os modelos I/O Model e RBM explicando como sua utilização pode levar organizações a obter retornos acima da média e vantagens competitivas.
4. Explique sucintamente quais são as principais etapas de um modelo de elaboração de plano de negócio, as principais características e os produtos esperados.
5. O que é missão, objetivo e meta? Qual seu valor para um processo de gerenciamento estratégico?

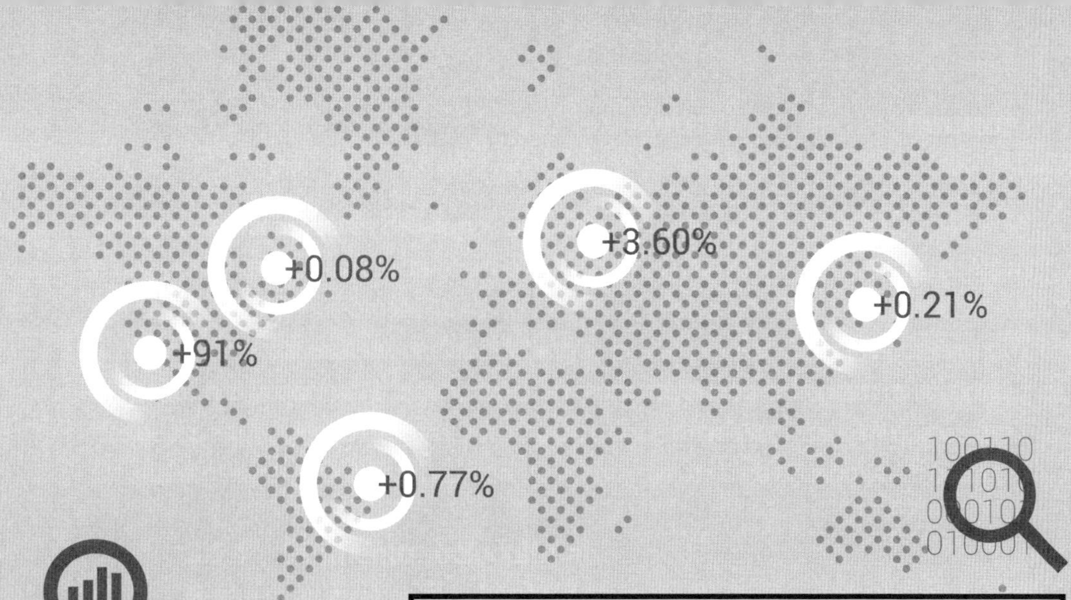

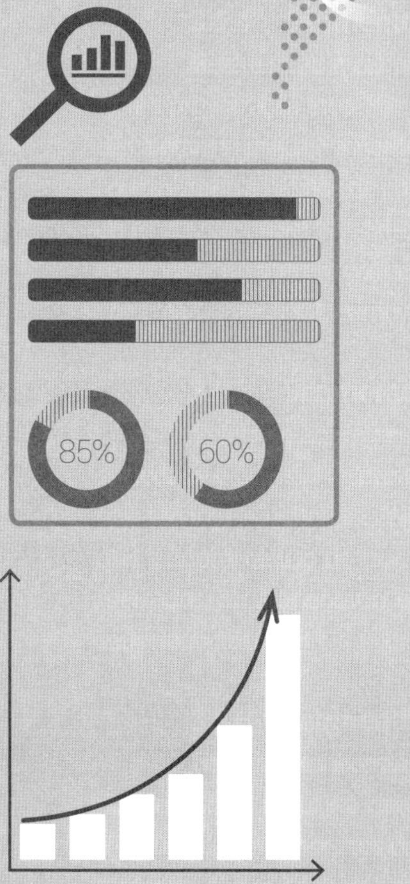

2

ORGANIZAÇÃO DE PROJETO DE GESTÃO ESTRATÉGICA

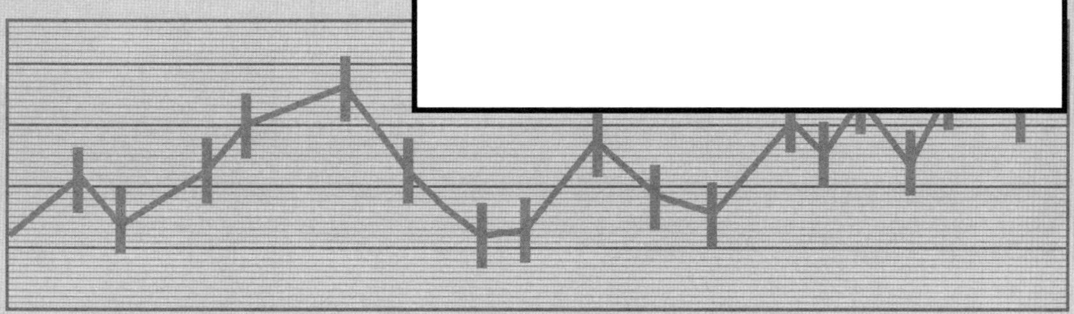

Objetivos do capítulo

Com o estudo deste capítulo, você será capaz de:

- compreender compromisso e o envolvimento da alta administração no projeto de elaboração do plano de negócio;
- aprender como organizar o projeto;
- entender como definir e treinar a equipe de projeto;
- compreender como definir as fontes de coleta de dados;
- perceber como planejar a comunicação do projeto, tanto internamente quanto para o mercado.

2.1 Introdução

A primeira etapa para se desenvolver um projeto de gestão estratégica ou plano estratégico para elaboração de um plano de negócios, em qualquer organização, utilizando técnicas e ferramentas de vantagem competitiva, é a organização do projeto. Devido à natureza do trabalho e à quantidade de informações detalhadas que deverão ser coletadas em curto período de tempo, é preciso muita dedicação nesta etapa para garantir o adequado envolvimento dos profissionais selecionados na realização do desenvolvimento do plano de negócios.

É muito importante ter representantes de diferentes áreas da organização envolvidos com o projeto para se ter experiências diversificadas e fontes de informações internas que possam ser facilmente acessáveis pela equipe do projeto sempre que necessário. Tais profissionais serão tanto mais efetivos para o sucesso do desenvolvimento do plano se possuírem bom entendimento do negócio, do sistema de custos adotado pela organização, e se tiverem autoridade para alocar os recursos necessários, sempre que demandados. Pode-se ter empresas externas envolvidas em uma organização desse tipo de projeto, mas elas precisam conhecer bem o mercado em que a organização opera e os conceitos relevantes específicos da indústria em foco.

Mas a importância crucial para o sucesso do projeto será a participação da alta administração. O Comitê Diretivo que deve ser montado para suportar todo o trabalho é a ferramenta mais importante para assegurar o sucesso do plano de negócios. Os principais executivos das mais relevantes unidades, divisões ou funções da organização deverão ter assento no Comitê Diretivo. Todos os profissionais envolvidos deverão devotar parcela significativa de tempo para o projeto.

A experiência indica que o Comitê Diretivo deve ser liderado pelo presidente da organização ou pelo diretor da área que sofrerá os maiores impactos dos resultados do plano de negócios. Entende-se, sem demérito dos demais diretores, que alguns nomes parecem mais apropriados que outros, uma vez que as recomendações vão trazer forte impacto em estratégias organizacionais amplas.

2.2 Etapa de organização do projeto e elaboração de controle e acompanhamento

O método apresentado no Capítulo 1 do livro sugere a existência de processo de gestão estratégica em que a primeira etapa é a organização do projeto e a elaboração de controles e acompanhamento.

O ambiente organizacional que sustenta o desenvolvimento do planejamento estratégico organizacional para elaborar o plano de negócios é tão importante para o sucesso do planejamento quanto a equipe de trabalho ou o método utilizado. E estrutura organizacional define, no início do projeto, as responsabilidades e relacionamentos hierárquicos de cada indivíduo ou grupo que participa do desenvolvimento do plano. Mas é fundamental considerar diversas alternativas para definir a estrutura organizacional do projeto, que deve mudar para cada organização, pois cada uma delas tem suas peculiaridades e aspectos específicos endereçados pelo projeto a ser desenvolvido. A seleção e organização da equipe de projeto de planejamento estratégico deve considerar o tamanho da organização, estilos gerenciais a serem adotados, qualificação do pessoal disponível e aspectos de negócios, aspectos funcionais e técnicos para o sucesso do planejamento.

Independente de qual será a estrutura de condução do projeto de elaboração do plano de negócios, há aspectos que todas devem permitir realizar. É nesta etapa do desenvolvimento do plano que são identificadas as entidades organizacionais que comporão o ambiente do projeto, bem como se descreve o papel, a composição e o relacionamento dessas entidades. As principais fases a serem desenvolvidas nesta etapa do planejamento estratégico de negócios são:

1. Estabelecer compromisso gerencial;
2. Definir gestor para planejar, administrar e controlar o projeto;
3. Identificar a necessidade de dados;
4. Comunicar objetivos do trabalho;
5. Elaborar sistema de administração e controle do projeto de planejamento estratégico.

Cada uma dessas fases será analisada a seguir.

Figura 2.1 Etapa de organização do projeto

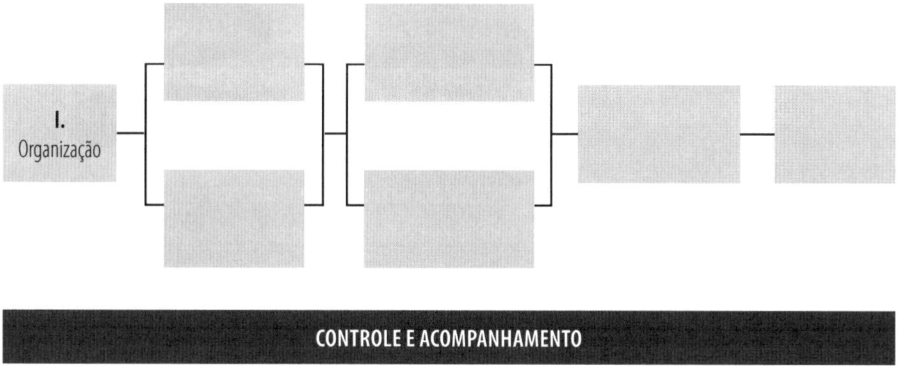

2.2.1 Fase 1: estabelecer compromisso gerencial

Planejamento sólido e controle do desenvolvimento do plano de negócios deve ser garantido para toda a organização. Sem uma demonstração clara do compromisso gerencial, recursos necessários poderão jamais ser alocados ao projeto. Além disso o compromisso deve ser contínuo para a manutenção das prioridades adequadas durante o desenvolvimento do plano.

O papel do Comitê Diretivo é assessorar o gestor do projeto, participando do processo de planejamento, acompanhando o andamento do projeto do plano de negócios e garantindo o adequado compromisso das áreas usuárias. O Comitê Diretivo deve se reunir ao menos uma vez ao mês durante a elaboração do plano de negócios e pelo menos uma vez a cada trimestre quando o plano estiver sendo implantado na organização.

2.2.1.1 Composição do Comitê Diretivo

Composto da alta administração da organização. Em empresas menores, pode ser apenas o presidente. Mas os membros do Comitê Diretivo devem representar todos os segmentos da organização.

Figura 2.2 Setores de organização do Comitê Diretivo

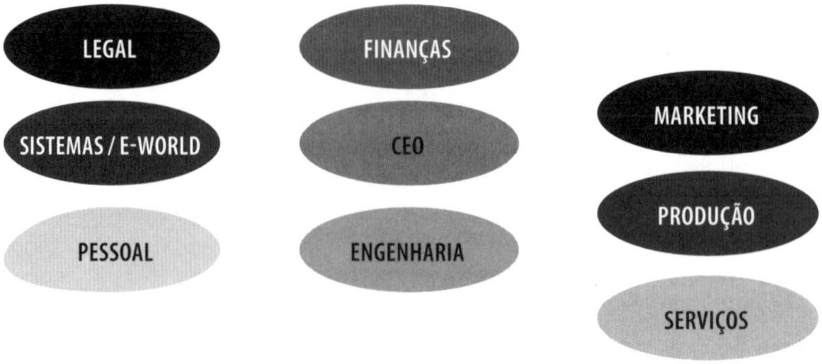

Isto exige participação direta dos membros da alta administração para formar o citado Comitê Diretivo do Projeto, cujas principais responsabilidades são:

1. ***Estabelecer as principais atividades do processo de planejamento estratégico para a organização***

Através dos amplos conhecimentos das funções e processos organizacionais, os participantes desse Comitê são os profissionais corretos para definir quais serão as principais atividades que o planejamento estratégico deverá abordar. Além disso, cabe ao Comitê garantir que as políticas a serem seguidas para desenvolvimento do plano sejam coerentes com as políticas da organização. Isso é particularmente importante dada a natureza abrangente do processo para elaboração do planejamento estratégico. Deve adicionalmente funcionar como um grupo de orientação ao desenvolvimento do planejamento estratégico e do resultado final, que é o plano de negócios. Uma das atividades fundamentais do Comitê Diretivo é a nomeação do gestor do projeto, a ser tratada adiante. Tal nomeação é fator crítico de sucesso para o projeto de planejamento estratégico.

2. ***Identificar problemas estratégicos***

Esse grupo de profissionais deve fornecer as entradas necessárias para completo entendimento dos problemas estratégicos a serem resolvidos. Deve definir as unidades de negócios envolvidas no planejamento e o horizonte de tempo de planejamento no bojo dos problemas estratégicos identificados.

3. ***Formular missão, objetivos, metas e estratégias***

Em reuniões de comitê, com a presença de grupos de interesse, cabe ao comitê, preliminarmente, definir missão, objetivos, metas e estratégias organizacionais.

O processo de definição desses conceitos é iterativo ao longo do desenvolvimento do plano de negócios e deve culminar em workshop estratégico (a ser apresentado em outro capítulo).

4. *Reconciliar possíveis* planning gaps *entre planos de unidades, empresas e corporação*

O Comitê Diretivo, devido à sua composição, é o elo de comunicação entre a alta administração e todos os departamentos operacionais. O envolvimento do Comitê Diretivo passa a mensagem de que o projeto é importante, facilitando sua aceitação e assegura que as recomendações serão implantadas. Por outro lado, os membros do Comitê devem garantir o estabelecimento de prioridades e de consistência em diferentes projetos e necessidades organizacionais, de modo que projetos que mais beneficiarão a organização sejam iniciados em primeiro lugar. Os projetos de um plano de negócios afetam inúmeras áreas da organização e conflitos entre as diferentes áreas surgirão. As pressões de grupos de interesse pelos projetos que desejam ver implantados em suas áreas será intensa, cabendo ao Comitê Diretivo solucionar os conflitos entre diferentes grupos de interesse e orientar a equipe de planejamento a seguir os caminhos que reflitam os interesses organizacionais.

5. Definir o gestor do projeto de planejamento estratégico

O gestor do projeto deve ter conhecimentos necessários para a condução do projeto de planejamento e das técnicas de gerenciamento de projeto para trabalhar eficientemente com as diferentes áreas da organização e com a equipe de projeto propriamente dita. A linguagem de planejamento e conhecimento nessa área de atividade organizacional são importantes para o ocupante da função e permite comunicação eficiente com os planejadores organizacionais e para direcionar as atividades, técnicas e ferramentas a serem utilizadas no desenvolvimento do projeto.

As principais atividades do gestor de projeto estratégico são:

a. Organizar o esforço de planejamento:
    - Preparar plano e programa de trabalho detalhado;
    - Identificar necessidades de recursos humanos e materiais;
    - Identificar produtos acabados esperados;
    - Estabelecer datas limites e datas chave;
    - Determinar *deadlines*.
b. Coordenar atividades de projeto acompanhando a equipe.
c. Consolidar planos de UENs e da organização com o da corporação.

d. Acompanhar o progresso dos projetos nas áreas operacionais durante a implementação.

Veremos em detalhes cada uma dessas atividades.

a. Organizar o esforço de planejamento

Há duas tarefas que o gestor do projeto deve desenvolver simultaneamente: o planejamento do projeto e a definição da equipe de trabalho. Uma das maiores dificuldades encontradas durante a execução de um projeto é controlar as atividades da equipe. O gestor deve desenvolver um plano e um programa de trabalho para o ciclo de vida do projeto que assegure que tarefas inconsistentes com o escopo e objetivos do projeto não sejam executadas. A definição de um plano de trabalho dá aos membros do grupo um bom entendimento do que se espera deles e garante o conhecimento, ao longo da vida do projeto, daquilo que já foi obtido e daquilo que ainda precisa ser desenvolvido. As datas ficam estabelecidas e também se esclarece o impacto dos atrasos na elaboração do plano estratégico de negócios.

Quadro 2.1 Modelo de plano de trabalho

PLANO DE TRABALHO						
Ação Estratégica		Semanas / Meses / Anos				
Responsabilidade	Número	1	2	3	4	5
José	A.1.1					
Pedro	A.1.2					
Cláudia	C.1.4					
Márcia	B.3.2					

A definição da estrutura da equipe de projeto é outra tarefa de responsabilidade do gestor, que deve descrever papéis e responsabilidades específicos para todos os participantes, assegurando que o projeto funcione efetivamente. As linhas de autoridade e hierarquia devem ser apresentadas e discutidas com os envolvidos. Isso pode exigir orientação ou treinamento para os participantes que não estejam familiarizados com ambiente de projeto, no qual se trabalha sob pressão e de forma matricial, pois o duplo relacionamento hierárquico frequentemente existe.

Figura 2.3 Equipe de projeto

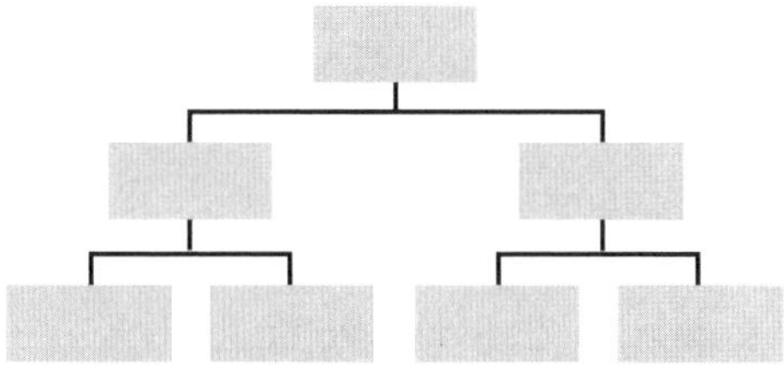

b. **Coordenar atividades de projeto acompanhando a equipe**

É fundamental que o escopo, objetivos e produtos esperados do projeto de planejamento estratégico já estejam definidos, em alto nível, com o Comitê Diretivo. O escopo de um projeto de planejamento estratégico inclui todos os grupos funcionais e operacionais e áreas/divisões da organização. Devido a isso, inúmeras tarefas que exigem habilidades diversas terão de ser desenvolvidas durante o projeto na elaboração do plano e do programa. Para assegurar que a equipe de projeto atenda a tais requisitos, os componentes da equipe devem apresentar a composição adequada de habilidades funcional, técnica e da indústria, conhecimento do negócio em si e conhecimentos administrativos. Daí a necessidade de se conhecer antecipadamente o que o projeto de planejamento estratégico vai elaborar como produto acabado. Ao gestor cabe antecipar as necessidades de recursos para atender às expectativas da alta administração, representada pelo Comitê Diretivo, bem como as tarefas que deverão ser desenvolvidas para a efetiva entrega dos produtos acabados. O gestor deve manter o projeto dentro do escopo, pois a experiência mostra que a expansão do escopo durante o desenvolvimento do projeto pode se tornar um problema crítico para se gerenciar enquanto se desenvolve o plano.

c. **Consolidar planos de UENs e da organização com o da corporação**

Para tomar esta decisão, a organização deve responder, nessa atividade, a três perguntas:

I. Qual é a definição apropriada das fronteiras de análise?
II. Quantas e quais linhas de negócios devem ser analisadas?
III. Qual deve ser o nível de detalhe da análise?

Sabe-se que a análise da vantagem competitiva é mais efetiva se conduzida no nível das unidades estratégicas de negócios (UENs). Um planejamento estratégico corporativo define as indústrias nas quais atuar. Não há cadeia de valor que faça sentido para uma organização com multiplicidade de negócios. As cadeias de valor das indústrias são, em geral muito genéricas e não oferecem resultados significativos para a administração. Cabe ao gestor, em sintonia com o Comitê Diretivo, definir quais unidades estarão envolvidas e a razão do envolvimento e incluí-las no planejamento do projeto, selecionando profissionais especializados naquelas unidades para desenvolver o trabalho.

Figura 2.4 Definir as unidades de planejamento

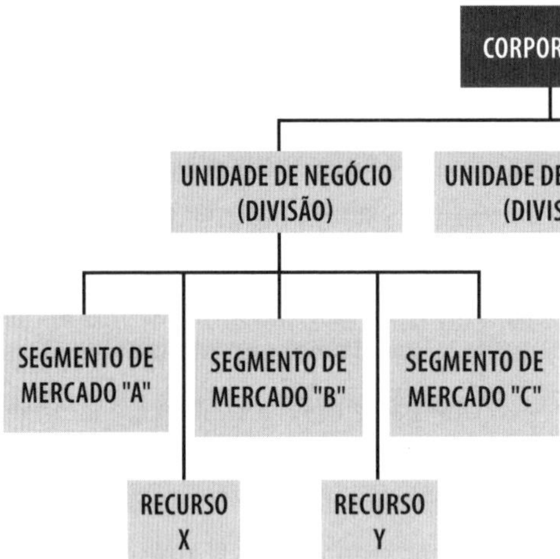

Cabe ao gestor confirmar com o Comitê Diretivo qual será o horizonte de planejamento a ser considerado para o desenvolvimento do plano. Esse prazo é fundamental pois varia de indústria para indústria. Alguns possíveis exemplos podem ser:

- O horizonte de planejamento varia para cada indústria
  - *utilities* 10 - 20 anos
  - varejos 1 - 3 anos
  - automobilística 1 - 3 anos
  - bancos 3 - 5 anos
  - negócios na *web* semanas, meses, anos

Os fatores que influenciam a definição do horizonte de planejamento organizacional podem estar relacionados com:

- Estabilidade do mercado;
- Taxa de mudança tecnológica;

- Intensidade do capital empregado;
- Tamanho da organização.

A coleta de dados é outra atividade que cabe a equipe, coordenada pelo gestor, obter.

Dados externos devem vir de fontes oficiais, e dados internos podem ser coletados nas entrevistas com diferentes gestores das unidades envolvidas no plano.

Figura 2.5 Necessidades de dados

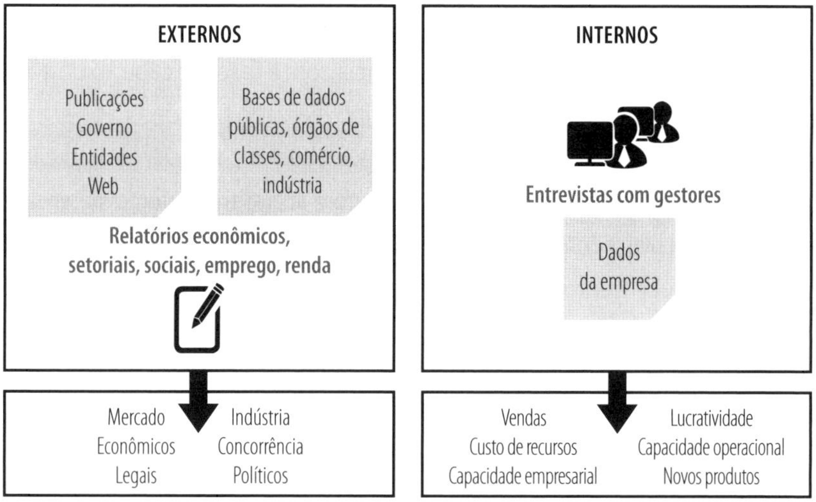

Outro aspecto importante e sempre presente refere-se à comunicação da equipe de projeto para a organização e para o mercado. A organização e o mercado ficam ansiosos por informações sobre o futuro dos negócios e, portanto, de seu próprio futuro como parte daquele negócio. Assim, a palavra-chave é comunicar para obter apoio necessário para ir adiante com o plano.

Comunicar, sempre...

- Apresentar o projeto para a organização;
- Comunicar objetivos corporativos, das empresas, das UENs;
- Comunicar responsabilidades, tarefas e cronograma;
- Comunicar métricas e indicadores para os programas a serem implantados;
- Comunicar forma de acompanhamento do plano.

...para obter apoio organizacional!

2.2.2 Fase 2: planejamento, gestão e controle do projeto

Esta fase se desenvolve em concomitância com a Fase 1, e cabe ao gestor determinar a forma de desenvolvê-la: controle de tempo realizado para desenvolver as tarefas previstas, por recurso humano alocado, produtos acabados e a eficiência e eficácia para entregas. É atividade contínua em qualquer projeto e representa esforço significativo da organização e particularmente da equipe que o desenvolve.

O desenvolvimento dessa fase exige compreensão de todas as áreas afetadas ao desenvolvimento do plano de negócios; mais ainda, a composição da equipe de projeto descrita acima pode afetar o desempenho do todo o trabalho: a hierarquia de autoridades deve ser estruturada para obtenção de resultados dentro das métricas estabelecidas, solucionar conflitos internos da equipe de projeto, e assegurar a obtenção de resultados.

Cabe ao gestor do projeto acionar as áreas usuárias e buscar dados, informações e conhecimento, conforme necessário. Isso deve garantir que o conhecimento organizacional, concentrado em grupos de usuários, seja colocado à disposição do projeto de desenvolvimento do plano, sem exigir participação em tempo integral de toda a equipe definida.

A administração do projeto consiste no acompanhamento de seu desenvolvimento, criando pontos de controle para revisão e avaliação da evolução dos trabalhos. Esta etapa abrange atividades já apresentadas referentes a planejamento e controle tais como desenvolvimento de um plano de trabalho detalhado e utilização de critérios gerenciais para acompanhamento do projeto. Um plano de trabalho detalhado identifica o nível e as horas previstas do pessoal necessário para o desenvolvimento do projeto, enquanto a tarefa de acompanhamento procura identificar com antecedência se os trabalhos estão fugindo ao curso inicialmente previsto.

Deve ser levado em consideração que o esforço despendido no planejamento inicial reduz o risco de reajustes de escopo não planejados e revisão excessiva dos produtos gerados. Todos os tipos de projeto, independentemente de tamanho, podem tirar proveito do nível apropriado de planejamento preliminar.

Em primeiro lugar, deve ser elaborado um programa de trabalho que envolva o detalhamento das fases de desenvolvimento do projeto a nível de tarefa e passos. Para cada tarefa, devem ser alocadas as horas previstas para sua execução, por categoria dos profissionais envolvidos. Os produtos finais (relatórios, análises, programas, manuais etc.) devem ser identificados ao fim de cada tarefa.

O programa de trabalho deverá servir tanto como ferramenta de previsão, estimando as horas a serem despendidas em cada fase, como de auxílio a compreensão do escopo do projeto por parte dos membros da equipe.

Com base no programa de trabalho e na equipe designada, deve ser elaborado o cronograma de andamento das fases do projeto. O cronograma consiste no acompanhamento das fases identificadas, registrando as horas previstas e reais (realizadas), por membro da equipe envolvida. Seu objetivo maior é a verificação do cumprimento dos prazos estipulados. Nestes cronogramas devem ser previstas datas para revisões internas, reuniões com a equipe para avaliação do *status* e do andamento dos projetos e reuniões com o usuário.

Além do programa de trabalho e dos cronogramas, devem ser preparados periodicamente relatórios de posição do projeto para o Comitê Executivo. O relatório de posição deverá abranger o trabalho realizado até o momento, as tarefas a serem desenvolvidas no próximo período e as ocorrências importantes do último período, tais como reuniões e suas principais conclusões, alterações de escopo etc. Deve ser anexado ao relatório o cronograma atualizado de andamento do projeto. A periodicidade desses relatórios deve ser determinada pelo próprio Comitê.

Figura 2.6 Produtos acabados esperados

PRODUTO ACABADO

- Envolvimento da alta administração
- Definição do gestor
- Definição das empresas/unidades
- Objetivos a atingir
- Plano e programa de trabalho
- Cronograma do planejamento
- Carta de planejamento/comunicação
- Lista da necessidade de dados
- Forma de acompanhamento do plano

Resumo

Este capítulo descreveu o ambiente organizacional e aspectos de planejamento, administração e controle para que a elaboração de plano estratégico de negócios seja bem-sucedido. Tratou também da elaboração de como estabelecer a organização, papéis e responsabilidades da equipe de trabalho que irá desenvolver o plano, bem como da participação da alta administração durante todo o projeto. Abordou a necessidade de se preparar o programa de trabalho factível, definir os produtos acabados esperados e ser uma peça de controle gerencial e de comunicação do projeto com a organização.

Questões para discussão

1. Explique a importância da etapa de organização para a elaboração de um projeto de planejamento estratégico organizacional.
2. Quais devem ser as reponsabilidades do Comitê Diretivo do projeto de planejamento estratégico?
3. Quais devem ser as reponsabilidades do gestor do projeto de planejamento estratégico?
4. Fala-se muito da importância da comunicação em qualquer projeto organizacional. Como você estruturaria um formato de comunicação organizacional caso fosse o gestor de um projeto de planejamento estratégico?
5. Que ferramentas de tecnologia você sugere usar para organizar o projeto de planejamento estratégico, tendo como pano de fundo o material exposto neste capítulo?

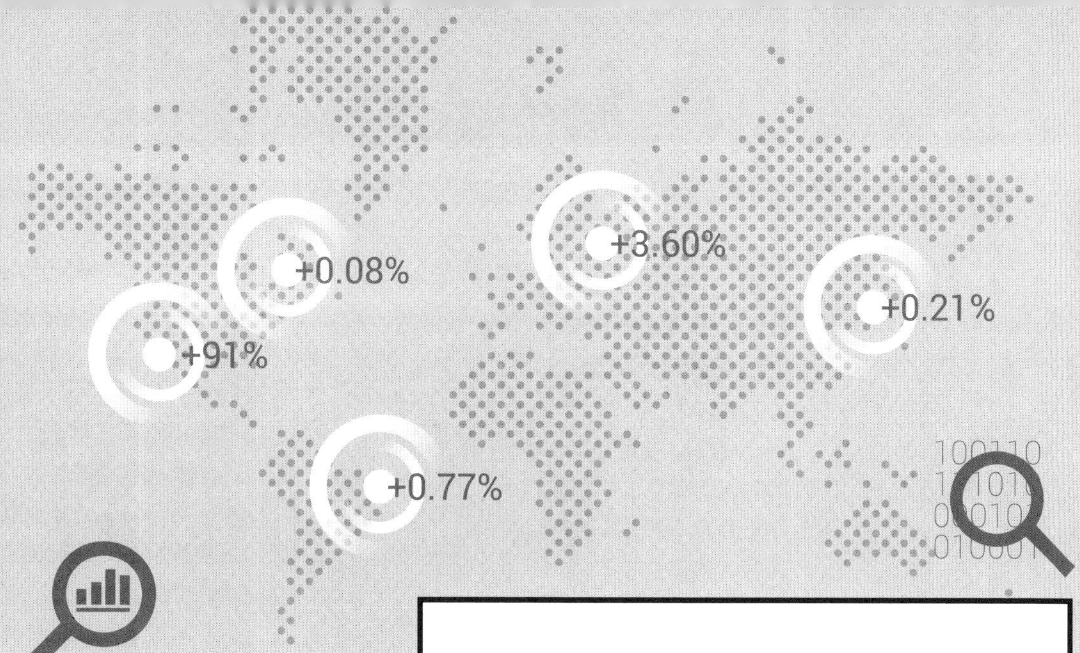

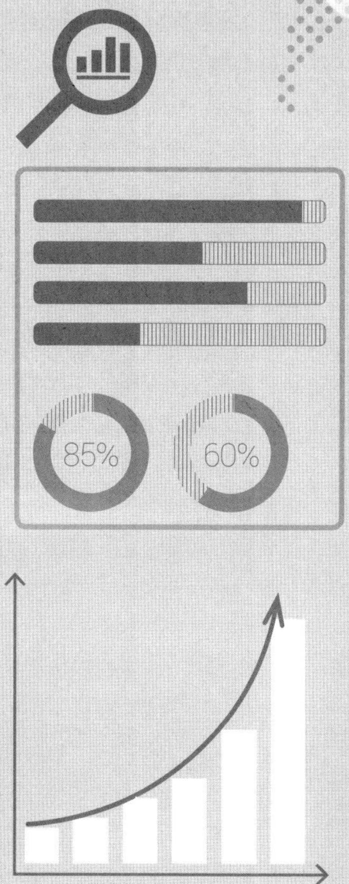

3

ANÁLISE DO AMBIENTE EXTERNO

Objetivos do capítulo

Com o estudo deste capítulo, você será capaz de:

- compreender a importância da análise do ambiente externo à organização;
- explicar à indústria a que pertence a organização as principais forças que nela atuam e a importância de seu processo evolutivo;
- definir e descrever o macroambiente e o ambiente geral da indústria;
- apresentar às organizações as forças que agem no ambiente competitivo em que ela atua e como tais forças moldam o mercado;
- discutir genericamente os modelos de organização da indústria (I/O Model) e os impactos que têm em estratégias;
- transformar essa etapa do projeto de gerenciamento estratégico em um conjunto de atividades a serem desenvolvidas pela equipe de projeto e os produtos acabados esperados.

3.1 Introdução

O ambiente externo de uma organização afeta o crescimento e a lucratividade organizacional e seu entendimento é essencial para a sobrevivência dos negócios. Neste capítulo são apresentados os tópicos principais de como uma organização faz os levantamentos para analisar o ambiente externo em que atua, compondo assim a parte externa do diagnóstico empresarial.

É na elaboração da análise do ambiente externo do diagnóstico empresarial que os planejadores analisam, por exemplo, o ambiente econômico, o crescimento ou estagnação da economia, as forças sociais, as forças representadas pelas novas tecnologias disponíveis, avaliam os impactos causados em futuras estratégias organizacionais e como farão para atingir resultados. O ambiente externo ajuda a reconhecer oportunidades e ameaças aos negócios que são, genericamente, fatores externos chave, fora do controle da organização, e que afetam sua ação estratégica.

O conhecimento obtido com a análise do ambiente externo deverá se sintonizar com o conhecimento existente do ambiente interno da organização, com os pontos fortes e fracos. Caberá aos planejadores e executivos do negócio preverem os impactos que causarão na organização propriamente dita. E aí se completa a etapa de gestão estratégica de negócios denominada **diagnóstico empresarial**. A análise do ambiente interno, por sua vez, será desenvolvida no Capítulo 4.

O entendimento integrado dos ambientes externo e interno de uma organização é o que os planejadores denominam de análise SWOT. Essa análise conjunta é fundamental para que as organizações entendam a situação atual e prevejam o futuro.[1] É dos resultados dessas análises e da integração delas que a organização irá desenvolver sua missão, visão, definir e adotar estratégias e decidir pelo desenvolvimento de projetos que afetarão a competitividade estratégica e permitirão obter retornos acima da média.

3.2 Divisões do ambiente externo da organização

O ambiente externo de atuação de qualquer organização se divide em três grandes áreas, detalhadas a seguir.

3.2.1 O ambiente geral

É essencial, para qualquer organização que desenvolve atividades com fins lucrativos ou não, fazer uma subdivisão da sociedade em algumas dimensões, que causam impactos no rumo da própria indústria e das organizações que nela atuam. Para efeitos práticos, agrupamos essas dimensões em sete segmentos; alguns dos principais elementos que compõem cada segmento são apresentados na Figura 3.1.

As organizações não conseguem manter qualquer controle sobre segmentos e elementos do ambiente externo em que atuam. Tais segmentos e elementos são denominados genericamente **forças ambientais**. Ao se analisar as forças ambientais, naturalmente poderão surgir implicações que impactarão os processos da gestão existente.

Mais adiante nesse capítulo, abordaremos como base no ambiente geral a análise do potencial futuro de negócios para uma organização. Mas é importante lembrar que não há explicações para não se ir adiante com muitas ações e atividades, porque a organização está se reestruturando, analisando a indústria a que pertence. É do balanceamento entre o formato do ambiente atual e do futuro que surgirão as estratégias, como veremos em outro capítulo.

1 DACIN et al, 2007.

Figura 3.1 O ambiente externo

DEMOGRÁFICO
- Tamanho da população
- Estruturas etárias
- Distribuição geográfica
- Mix étnico
- Distribuição de renda

AMBIENTE ECONÔMICO
- Taxa de inflação
- Taxa de juros da economia
- Déficits ou superávits comerciais
- Taxas de poupança da população
- PIB

LEGAL E POLÍTICO
- Leis antitruste
- Tributos
- Filosofia de desregulamentação
- Leis de treinamento da mão de obra
- Políticas educacionais

NATURAL
- Proteção ao meio ambiente

TECNOLÓGICO
- Inovação em produtos e serviços
- Aplicações de conhecimento
- Pesquisa e desenvolvimento da sociedade
- Novas tecnologias de informação - internet

INDÚSTRIA

SÓCIO-CULTURAL
- Mulheres na força de trabalho
- Diversidade da mão de obra
- Qualidade de vida
- Adoção e uso de novas tecnologias
- Mudanças na preferência de trabalhos e carreiras
- Mudanças na preferência de produtos e serviços

GLOBAL
- Eventos políticos internacionais
- Mercados globais críticos
- Países em fase de industrialização
- Diferentes aspectos culturais e institucionais

3.2.1.1 Análise do potencial futuro do negócio

Para evitar miopia e perda de aderência da organização como ambiente externo, as organizações devem explorar profundamente o espaço de ação potencial que terão no futuro. A formulação e execução estratégica enfrenta desafios fundamentais como:

- Reconhecer, criar e agir sobre oportunidades e ameaças emergentes;
- Reinventar-se: nove em dez falham em seus esforços;
- Responder à quebra de regras da indústria.

Para colocar a análise do potencial em marcha deve-se, primeiramente, avaliar todos os projetos de mudança da organização e quem são seus *sponsors*, entrevistando-os. Com essa atividade, determinam-se objetivo e escopo de cada projeto e *overlaps* de objetivos entre os múltiplos projetos, ou ligação pobre com as estratégias empresariais ou seus fatores críticos de sucesso (FCS). Entende-se como a organização está se preparando para o futuro, analisando o potencial de negócios e quais são as estratégias que pretende implementar. Já se afirmou que estratégia se refere ao futuro, mas deve ser usada no presente, e é muito frequentemente criada com as bases do passado. A Figura 3.2 representa um modelo seguido por muitas organizações.

Figura 3.2 A percepção do futuro vem do passado

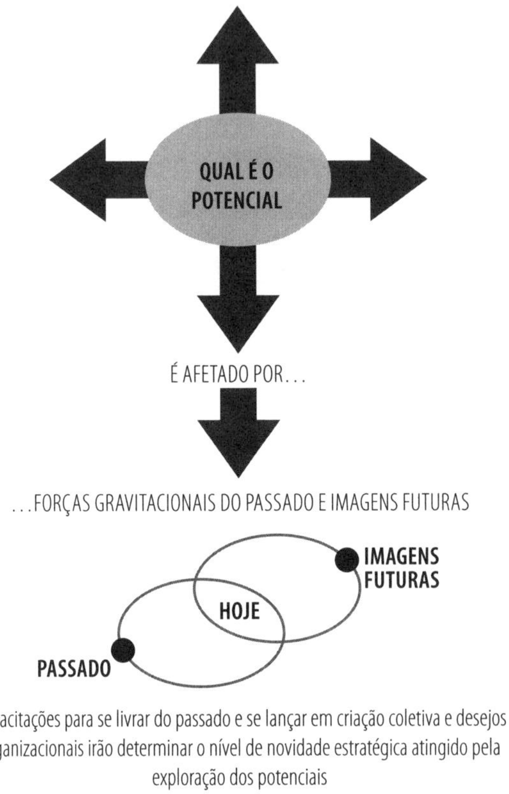

A implicação de não ser bem-sucedido ao reformular percepções atuais pode ser severa, já que o que se fala sobre o futuro vem da interpretação do passado; ao se avaliar oportunidades e ações futuras, sempre há referências às experiências passadas daquilo que é possível ou não; ao se avaliar oportunidades emergentes, sempre são usados modelos mentais do passado para reconhecê-las ou descrevê-las. Oportunidades e ameaças emergentes podem, no entanto, surgir com 'roupagens diferentes' e de fontes inesperadas, tornando inapropriados os padrões e experiências para reconhecê-las, descrevê-las e avaliá-las. O maior problema de usar o passado como um ponto de referência ao explorar opções estratégicas pode ser ilustrado pela afirmação feita por Ken Olson, presidente da Digital Equipment Corporation, em 1977, que afirmou: "Não há nenhuma razão para qualquer pessoa querer ter um computador pessoal". A Digital perdeu, como sabemos, a primeira revolução dos PCs.

Há outras forças (culturais, de percepção), de grande magnitude, presentes ao se avaliar potenciais futuros de negócios, tais como:

- Por que não foi a Ericsson que desenvolveu a moderna telecomunicação móvel quando tinham a tecnologia em suas mãos?
- Por que a IBM não viu a necessidades de máquinas menores?
- Por que foi a Microsoft que desenvolveu sistema operacional dos PCs e não a IBM, Sun ou outro atuante fabricante de *softwares*?

Se as organizações forem incapazes de se livrar de influências invisíveis do passado, podem se condenar a perder competitividade. A concorrência, no futuro, será diferente da de hoje. Mas como tentar prever o futuro, já que não somos "cartomantes"? Olhando para o futuro, vê-se que não se trata apenas de previsão, mas da habilidade organizacional em imaginar naquilo que o futuro pode se tornar. Há inúmeros fatores visíveis, hoje, analisadas no Capítulo 1, e que oferecem oportunidades para as organizações que os reconhecem e tentam explorá-los. Cite-se como exemplo:

- A ruptura das fronteiras da indústria: mais e mais indústrias convergem devido a tecnologia, desenvolvimento de novos negócios, necessidades dos clientes etc.;
- A importante mudança entre o físico e o virtual: mais e mais indústrias estão se tornando "organizações de conhecimento";
- A importância crescente do tempo: à medida que clientes experimentam as mudanças, aceleram-se os movimentos competitivos e aumentam sua frequência;
- A irrelevância das fronteiras nacionais: concorrência global;
- As fronteiras móveis dos controles: à medida que mais e mais recursos empresariais são encontrados fora das fronteiras corporativas.

A lista abaixo enumera alguns problemas que serão importantes de se tratar ao explorar o potencial futuro de negócios de uma organização:

- Reconhecer e explorar oportunidades quando vierem vestidas com um figurino diferente (forma, cor etc.);
- Reconhecer tecnologias inovadoras, que atualmente não têm boa relação preço-performance;

- Deixar sucessos passados no passado para poder criar bases econômicas novas para o futuro;
- Ficar próximo dos clientes, mas não se deixar cegar por suas necessidades imediatas;
- Entender e obter vantagem competitiva à medida que a indústria convergir.

A experiência salienta a importância de aplicar diferentes ferramentas e técnicas que trazem *insights* da interação dos seguintes elementos:

- Criatividade, intuição, desejo e visão das gerências e dos colaboradores são *insights* que nem sempre se ajustam bem com metodologias estruturadas, analíticas;
- Ideias estruturadas, informação, conhecimento e visão obtidos de metodologias estruturadas: permitem melhor compreensão e discussão de problemas complexos;
- Desafios às percepções atuais, às verdades e experiências: promove entendimento sobre como a concorrência, no futuro, será diferente.

A ênfase adequada de se colocar na "reforma da realidade" dependerá das circunstâncias, necessidades e preferências dos clientes. No entanto, as ferramentas e técnicas devem ser somente avaliadas de acordo com seu grau de contribuição para as mudanças estratégicas preconizadas para os clientes. A exploração do potencial deve se focar naquilo que devemos entender para definir o futuro, não no que podemos encontrar sobre o passado. A Figura 3.3 resume as principais questões a serem levantadas nessa fase do projeto.

Figura 3.3 Exemplos de perguntas para se explorar o potencial futuro

3.2.1.2 Gerar hipóteses sobre o potencial futuro

A identificação das pressões que atuam no negócio vindas do ambiente externo é o primeiro e mais importante passo na determinação dos potenciais futuros.

A atividade de geração de hipóteses é desenvolvida pela alta administração que deverá desenvolver hipóteses a respeito dos problemas centrais enfrentados pela organização e suas causas. O objetivo dessas hipóteses é identificar necessidades e refinar a elaboração do plano estratégico de negócios. Desse trabalho surge a matriz de oportunidades apresentada na Figura 3.4. Nesse exemplo, duas oportunidades com alta importância percebida e alta dificuldade de implementação irão auxiliar a hipótese preliminar e a análise necessária.

Figura 3.4 Matriz de oportunidades

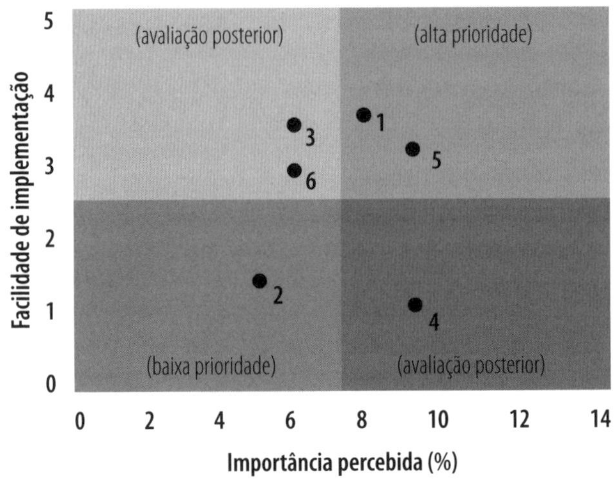

3.2.1.3 Análise da atratividade de mercados

A equipe de projeto de planejamento estratégico desenvolve, aqui, avaliação detalhada da atratividade dos mercados/segmentos relevantes – um dos componentes chave para responder à seguinte pergunta "Onde concorrer?". As mais importantes forças que atuam no ambiente externo devem ser avaliadas no modelo proposto pela Figura 3.5. O conhecimento de ambientes competitivos deve ser apoiado por análises importantes de dados coletados para cada um desses agrupamentos.

Figura 3.5 Agrupamento de tarefas de avaliação da atratividade do mercado

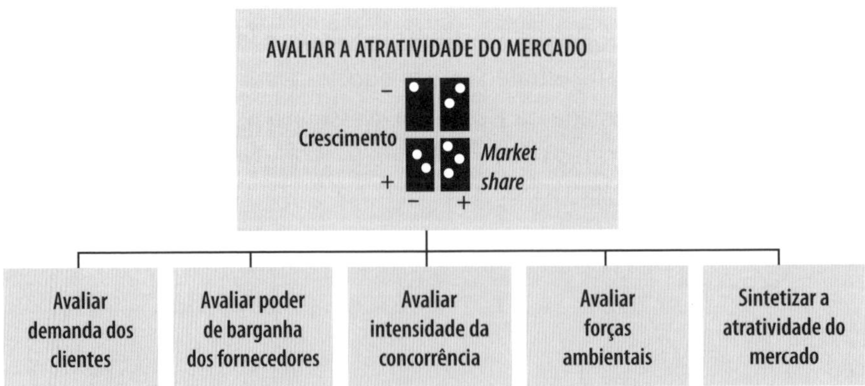

Na análise do ambiente competitivo, examina-se a concorrência existente e potencial para cada indústria na qual se deseja atuar. Examina-se, mapeia-se e avalia-se

o posicionamento e vulnerabilidades. As principais fontes de pesquisa ao se analisar indústrias em que se deseja atuar podem ser:

- Previsões para a indústria;
- Relatórios anuais dos concorrentes e linha de produtos;
- Entrevistas com ex-empregados dos concorrentes, clientes, especialistas da indústria e participantes de canais.

Tal revisão dará ideia de como os negócios são percebidos pelos acionistas, *brokers* e banqueiros; isto pode ser obtido através de artigos da imprensa, relatórios dos *brokers* etc. Deve-se levar em consideração a probabilidade de mudança estrutural fundamental via fusões potenciais e aquisições, e a percepção do mercado de capitais do cliente em comparação com outros negócios na indústria. As perspectivas de outros interesses nos negócios serão identificadas em pesquisas e entrevistas.

Os resultados dessas análises devem ser sintetizados para formar um quadro completo do nível e grau de competitividade ao se decidir atuar em um mercado particular e como estes elementos causam impactos no potencial de lucratividade de longo prazo.

3.2.2 O ambiente da indústria

É formado por um grupo de organizações que produzem produtos e substitutivos, que são parecidos. Genericamente, uma indústria é composta de um conjunto de fatores que influenciam diretamente a organização e suas ações e respostas competitivas.[2] O ambiente externo afeta as organizações presentes na indústria com incerteza e riscos; forças externas moldam sua nova estrutura. A evolução da indústria é fundamental para que organizações que nela atuam formulem e implementem estratégias competitivas.

O modelo da organização da indústria (I/O Model), usado em processo de gestão estratégica, explora o ambiente externo em que a organização está inserida e extrai daí os principais ingredientes para a formulação de estratégias. Como resultado da utilização desse modelo em análises externas, as organizações completam o quadro genérico de ameaças e oportunidades para seus negócios.

O I/O Model foi desenvolvido por Michael Porter e é denominado de Modelo das Cinco Forças, apresentado na Figura 3.6.

2 IRELAND, HOSKISSON, HITT, 2009.

Figura 3.6 O Modelo das Cinco Forças

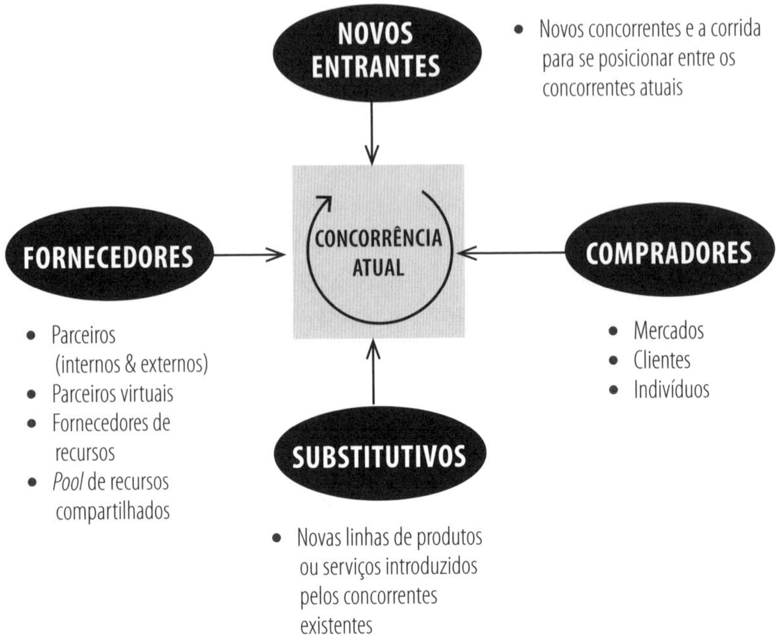

Fonte: PORTER, 1991.

Esse modelo define a concorrência em qualquer indústria. A competitividade estratégica se deriva de uma sofisticada compreensão das regras da concorrência que determinam o grau de atração de uma indústria. O Modelo das Cinco Forças determina a lucratividade da indústria e sabe-se que algumas indústrias podem ser mais atrativas do que outras. A questão central na determinação da lucratividade é quanto valor as organizações podem gerar para seus clientes e quanto desse valor gerado será absorvido ou perdido. É a estrutura da indústria que determina quem captura o valor gerado. As organizações, por sua vez, não são totalmente reféns da estrutura da indústria – as organizações que compõem a indústria podem influenciar as cinco forças com as estratégias que elas próprias adotam. O I/O Model apresentado na Figura 3.6 mostra o que é importante de ser analisado e ajuda a direcionar a administração para avaliar aqueles aspectos essenciais para obtenção de vantagens competitivas.

O cuidado a ser tomado quando se utiliza esse modelo é que ele não ajuda se forem listadas apenas as forças atuantes em uma indústria. Depende dos planejadores e demais executivos analisar e identificar os fatores de maior impacto e que realmente definem a indústria. O Modelo das Cinco Forças pode ser considerado como um *checklist* para se iniciar as análises e um lembrete a respeito das principais fontes de onde podem surgir as forças que a organização não controla.

3.2.2.1 A criação da vantagem competitiva

Em um nível muito básico, as organizações geram vantagem competitiva percebendo ou descobrindo modos novos ou melhores de concorrer em uma indústria, trazendo-os para o mercado, o que é, em última análise, um ato de inovação. As inovações podem mudar o jogo da obtenção de vantagem competitiva quando seus concorrentes ou falham na tentativa de seguir o novo caminho concorrencial ou não desejam "participar" ou não conseguem perseguir. Podem existir vantagens significativas para as organizações que fazem os primeiros movimentos em inovação, principalmente naquelas economias com escala significativas ou quando os clientes trocam facilmente de fornecedores. As causas mais comuns de inovação levando à obtenção de vantagens competitivas são:

- Novas tecnologias;
- Necessidades dos clientes são novas ou em mudança;
- Surgimento de novos segmentos na indústria;
- Mudanças nos custos de aquisição ou disponibilidade;
- Mudanças em leis.

3.2.2.2 A implementação da vantagem competitiva

Ao implementar uma estratégia, tema que abordaremos mais adiante, a vantagem competitiva surge da forma pela qual a organização executa atividades discretas – concepção de novas formas para conduzir atividades, emprego de novos procedimentos, novas tecnologias, diferentes entradas. O encaixe de diferentes atividades estratégicas é vital para impedir a entrada de imitadores.

Uma organização obtém vantagem competitiva ao executar estas atividades estrategicamente importantes de maneira mais barata ou melhor que seus concorrentes. E com isso amplia-se o conceito de vantagem competitiva que não deve surgir apenas de excelentes produtos e/ou serviços que a organização oferece, mas de outras atividades organizacionais. Essa discussão será melhor detalhada no Capítulo 4 – Análise do ambiente interno.

3.2.2.3 A sustentação da vantagem competitiva

Michael Porter[3] delineia três condições que sustentam a vantagem competitiva obtida por uma organização:

- Hierarquia da fonte (durabilidade e imitabilidade): vantagens de baixo impacto, como menor custo de mão de obra, podem ser facilmente imitadas, ao passo que vantagens de alto impacto como tecnologia proprietária, marca importante, relacionamento forte com clientes exigem investimentos sustentáveis e cumulativos e, por isso, são mais difíceis de imitar;
- Número de fontes: muitas fontes de vantagem competitiva são mais difíceis de imitar do que poucas fontes;
- Melhoria contínua e saltos: uma organização deve criar novas fontes de vantagens competitivas na mesma velocidade que seus concorrentes replicam as velhas fontes.

3.2.3 Ambientes dos concorrentes

As organizações precisam coletar e interpretar informações de seus concorrentes. Essa atividade complementa as duas anteriores, pois a análise do ambiente geral se foca no futuro; a análise da indústria se foca em fatores que afetam a lucratividade da indústria a que pertence a organização e o ambiente dos concorrentes faz previsões sobre ações, respostas estratégicas e intenções dos concorrentes.

As análises a serem conduzidas para se obter um arquivo completo dos concorrentes devem ter:

- História e desempenho financeiro recentes;
- Posicionamento no mercado, arquivo de clientes, mix de produtos, cobertura geográfica, operação da cadeia de valor;
- Portfólio de negócios, alianças estratégicas;
- Visão e direcionamento estratégico (fabricante de baixo custo, marca reconhecida, solução a clientes, rápido desenvolvimento de novos produtos);
- Gerenciamento, organização e pessoas;
- Iniciativas gerenciais chave e principais programas estratégicos;
- Opções estratégicas;
- *Benchmarks* (onde possível).

3 PORTER, M. E. *Estratégia competitiva*: técnica para análise de indústria e da concorrência. Rio de Janeiro: Campus, 1991.

A combinação das análises dos dados de diferentes concorrentes existentes e potenciais deve ser suficiente para se desenvolver mapas da concorrência, completando uma análise competitiva do posicionamento e uma revisão do espaço de oportunidades.

É nesta atividade que se obtém a compreensão de onde os clientes adicionam valor na cadeia de valor da indústria e análises específicas devem incluir a identificação de onde a organização está adicionando valor e onde há espaços para adicionar mais valor na cadeia da indústria. A análise de alternativas para canais pode ser fonte de vantagens competitivas para a organização. Importante será, com dados da análise do ambiente geral e da indústria, desenvolver-se uma cadeia de valor da indústria levando em conta os negócios principais. Isso ajuda a evidenciar oportunidades e ameaças potenciais, bem como alternativas de posicionamento. A opinião dos fornecedores quanto ao negócio será obtida por meio de entrevistas e pesquisas.

A atividade objetiva entender as necessidades quanto a produtos e serviços disponíveis tanto para clientes existentes quanto para potenciais, além de avaliar o portfólio atual de produtos aos clientes. O relacionamento entre necessidades dos clientes e produtos existentes deve ser muito explorada nessa atividade. Os principais clientes devem ser entrevistados para se ter a perspectiva da "voz do cliente". Algumas atividades adicionais a serem desenvolvidas são:

- Determinar a lucratividade geral dos produtos individuais da organização e de seu portfólio coletivo;
- Analisar o portfólio de produtos da organização e possíveis estratégias para cada um deles com base em profunda avaliação da atratividade de mercado e posicionamento competitivo. Deverá existir a revisão das competências existentes e futuras, necessárias para inovar.

3.3 Diagnóstico empresarial – Análise externa

Esta fase do diagnóstico empresarial refere-se à análise externa. No entanto, o diagnóstico empresarial completo inclui também a análise interna, que será discutida no Capítulo 4.

A característica essencial da análise do ambiente externo da organização é que as forças que afetam a evolução dos negócios, aqui estudadas, não podem ser controladas pela organização. Elas ocorrem e afetam as decisões que os executivos tomarão para enfileirar a organização no caminho da competitividade estratégica, vantagens competitivas e retorno acima da média. Exemplo disso é a evolução da taxa de inflação, que afeta diretamente o ambiente da organização. Informações sobre inflação e seu comportamento dinâmico estão presentes em muitos formatos e disponíveis em tempo real. Com essas informações, associadas com a experiência dos executivos da organização, as decisões tomadas ensejam o sucesso dos negócios, sem poder, no entanto, alterar a rota que a inflação irá tomar ou mesmo alterar seus valores. A inflação é apenas uma variável que faz parte do modelo mais complexo. Executivos experientes têm grande compreensão do que ocorre com a sociedade, a economia nacional e a global; entendem muito bem as forças que afetam a indústria e, com isso, tendem a tomar as melhores decisões possíveis para os interesses organizacionais. Daí é que se afirma que as variáveis ambientais estão fora do controle organizacional.

A etapa de diagnóstico empresarial segue-se à etapa de organização do projeto de planejamento estratégico organizacional, leva em consideração os conceitos fundamentais apresentados e a análise do ambiente externo é a primeira fase a ser desenvolvida, como mostra a Figura 3.7.

Figura 3.7 Processo de gestão estratégica – Diagnóstico empresarial: Análise do ambiente externo

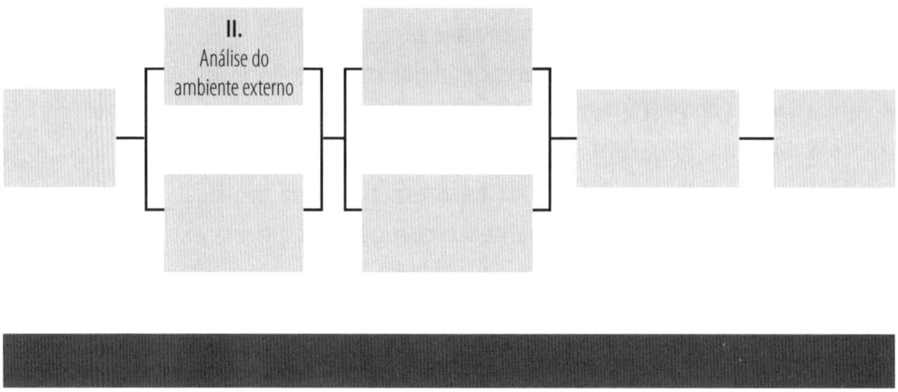

Segundo Silbiger,[4] para se desenvolver análise eficaz do ambiente externo a equipe de planejamento precisa adotar e usar diversas ferramentas que propiciam análise racional desse ambiente, voltadas para a análise da estrutura da indústria. São elas:

- Análise SWOT que estuda forças, fraquezas, oportunidades e ameaças. (neste capítulo analisaremos apenas oportunidades e ameaças);
- Análise do ambiente da indústria (demográfico, econômico, sociocultural, tecnológico, político/legal, natural, global);

4 SILBIGER, S. *MBA em 10 lições*. Rio de Janeiro: Campus, 1996.

- Análise do Modelo das Cinco forças, de Michael Porter (clientes, concorrentes atuais, fornecedores, novos entrantes e produtos substitutos).

3.4 Análise SWOT: as oportunidades e ameaças e o impacto em estratégias

Interessa-nos em Diagnóstico Empresarial – Análise do Ambiente Externo a parcela da Análise SWOT voltada a oportunidades e ameaças, visto no Quadro 3.1.

Quadro 3.1 Modelo de análise SWOT

ANÁLISE SWOT		
Ambiente analisado	Impactos positivos	Impactos negativos
Externo	Oportunidades (O)	Ameaças (T)
Interno	Pontos fortes (S)	Pontos fracos (W)

Um objetivo importante de estudar o ambiente externo é identificar oportunidades e ameaças. Uma oportunidade é uma condição no ambiente geral que, se explorada, ajuda a organização a obter competitividade estratégica. Uma ameaça é uma condição no ambiente geral que pode frear esforços organizacionais para atingir competitividade estratégica. Para levantar oportunidades e ameaças, os planejadores necessitam suportar a organização:

- No entendimento dos principais *drivers* da indústria, antevendo o futuro dos negócios. O inter-relacionamento dos *drivers* surge da análise sistêmica e do mapeamento e seleção de fatores fundamentais característicos da indústria e que afetam as organizações que nela atuam;
- Na avaliação, o potencial de ruptura referente aos negócios;
- Análise de cenários possíveis com base na análise de tendências dos principais segmentos do ambiente geral;
- Criação de visão completa para a mudança estratégica, respondendo às seguintes perguntas:
    - Qual a real necessidade de mudanças (olhe para o passado e o presente) da organização?
    - Qual é a ideia que nos compele a mudar?

- Que valores serão importantes? Quais valores de hoje precisam ser mudados? Ou mantidos?
- O que isto irá significar para as pessoas? Como isto mudará a vida desses que eu deverei convencer?
- O que vai significar para mim? Quais interesses pessoais estarão em jogo?

3.5 Os segmentos do ambiente geral

O ambiente geral se forma por segmentos que são externos à organização (Figura 3.1). Embora o impacto possa variar, esses segmentos afetam as indústrias e as organizações que dela fazem parte. O entendimento do potencial de ruptura, do grau de atratividade de mercados faz gerar hipóteses sobre o potencial futuro reconhecendo-se mudanças, tendências, oportunidades e ameaças.[5] As oportunidades e as ameaças deverão ser avaliadas junto às competências centrais da organização, a ser analisada no Capítulo 4.

3.5.1 Segmento demográfico

Refere-se ao tamanho da população de uma sociedade, estrutura etária, distribuição geográfica, etnias e outros aspectos demográficos. Os negócios afetados pelo segmento demográfico têm na população que consome o seu ponto de atenção. A indústria de alimentos, higiene pessoal, habitação precisam entender o impacto desse segmento em suas atividades para avaliar o futuro.

3.5.2 Segmento econômico

Refere-se ao direcionamento econômico da nação em que a organização atua. Devido à interconexão das economias, a análise não pode ser isolada, devendo-se considerar o PIB, o emprego, a renda em todas as economias em que a organização tem atividades. Análises sobre inflação, câmbio, balança comercial e balanço de pagamentos devem ser incluídos nessa análise.

3.5.3 Segmento político / legal

Aqui trata-se do poder que as organizações têm para influenciar governos e como os governos as influencia. Uma organização atua em determinada sociedade submetendo-se às leis daquela sociedade. Por outro lado, pode influenciar as possíveis

5 IRELAND R. D; HOSKISSON, R. E; HITT, M. A. *The management of strategy*: concepts and cases. 8. ed. UK: South-Western Cengage Learning, 2009.

alterações em leis através de grupos de interesse que atuam junto aos legisladores e que podem acelerar, frear ou mesmo eliminar o trâmite de um projeto de lei. Aqui fala-se dos lobbies que atuam junto do Executivo, Legislativo e do Judiciário. Podem acelerar ou retardar análises nessas esferas que possam causar impactos positivos ou negativos nos negócios. As organizações ao redor do mundo enfrentam multiplicidades de aspectos políticos e legais com os quais tratar em cada sociedade na qual atuam. Devem considerar os conflitos ou interesses comerciais de uma economia em outra.

3.5.4 Segmento sociocultural

Refere-se ao arcabouço cultural e de atitudes de determinada sociedade na qual a organização atua. Por ser uma fotografia daquela sociedade, os valores e atitudes afetam significativamente todos os outros segmentos aqui analisados. A renda *per capita* estimula hábitos de consumo, o plano de aposentadoria pode indicar que parte da renda disponível vai alimentar sistemas de pensão mais rapidamente em algumas economias do que em outras. A diversidade de gênero pode afetar algumas organizações mais que outras, como as da indústria de turismo e de bens de consumo.

3.5.5 Segmento tecnológico

Refere-se ao desenvolvimento tecnológico que pode ocorrer em qualquer sociedade e que são responsáveis pela criação, melhoria de novos produtos, processos, serviços e materiais. A lógica em se analisar o segmento tecnológico está em que a adoção e uso de novas tecnologias pode levar organizações a ganhar novos mercados, ou aumentar o *market share* ou terem maiores retornos financeiros em seus negócios.

3.5.6 Segmento natural

Refere-se a necessária proteção ao ambiente de atuação das organizações para evitar ou reduzir a deterioração do meio ambiente em todas as suas formas. Sintonizada com aspectos políticos/legais, os países têm aprovado leis muito importantes na defesa do meio ambiente, impactando as organizações que passam a ter a responsabilidade ambiental pelas atividades desenvolvidas.

3.5.7 Segmento global

Este segmento inclui mercados globais relevantes, novos ou existentes, mas que estejam mudando, eventos políticos internacionais e marcantes características culturais e institucionais dos mercados globais.

3.6 Análise da indústria – Modelo das Cinco Forças

A análise do Modelo das Cinco Forças ajuda os gestores a formular estratégias para consolidar as vantagens competitivas.

A combinação de dois tipos básicos de vantagens competitivas e o escopo da organização define três estratégias competitivas: diferenciação, liderança em custo e foco. As estratégias de liderança em custo e diferenciação buscam o alcance de vantagens competitivas em toda a indústria. A estratégia de foco visa uma estratégia de custo ou diferenciação em um segmento pequeno e são denominadas de **estratégias genéricas.**[6]

A estratégia de **liderança em custos** busca eficiência na produção de produtos e serviços através de economias de escala, acesso a matérias-primas mais baratas. Já a estratégia de **diferenciação** fornece produtos com características únicas na percepção de seus clientes, que possibilite cobrar um preço mais alto sem perder sua clientela. Por sua vez, a estratégia de **foco** (enfoque, nicho) foca seus esforços em um pequeno mercado, seja geográfico, produto ou de clientes. Veja o resumo no Quadro 3.2.

Quadro 3.2 Estratégia genérica de Porter

	POSIÇÃO DE BAIXO CUSTO	UNICIDADE OBSERVADA PELO CLIENTE
Toda indústria	Liderança em custos	Diferenciação
Segmento estreito	Foco em custo	Foco em diferenciação

3.6.1 Análise do Modelo das Cinco Forças – Barreira de entrada a novos entrantes

A identificação dos novos entrantes é importante porque eles podem ameaçar o *market share* dos concorrentes atuais. Eles trazem mais capacidade de produção, o que poderá reduzir os custos globais de produção, caso o consumo não esteja em ascensão. Podem trazer mais tecnologia ou processos diferentes para determinado mercado, fazendo com que os concorrentes atuais se tornem eficientes ou que aprendam a concorrer em outras dimensões de negócios como na internet. Os novos entrantes pressionam toda a indústria, acirram o poder de barganha dos

6 PORTER, M. E. *Estratégia competitiva*: técnica para análise de indústria e da concorrência. Rio de Janeiro: Campus, 1991.

fornecedores e dos clientes por trazerem novos produtos ou serviços para o futuro mercado de atuação.

Figura 3.6 Entrada de novos entrantes

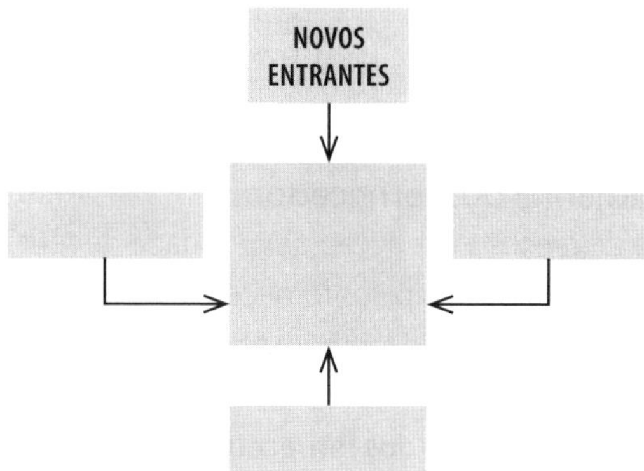

Os concorrentes existentes tentam desenvolver barreiras à entrada de novos entrantes. A inexistência de barreiras de entrada pode aumentar a probabilidade de o novo entrante entrar e operar com resultados importantes. Algumas das principais barreiras de entrada são:

- Economias de escala: eficiência incremental pela experiência à medida que uma organização cresce;
- Produtos patenteados: a organização que detiver a patente de um produto, detém os direitos de produção por determinado período de tempo, afastando concorrentes;
- Identidade da marca: a identificação do cliente/consumidor é barreira a ser vencida pelo novo entrante, que terá maior custo de propaganda;
- Custos de mudanças: é aquele que o cliente incorre uma vez ao mudar de fornecedor. Se o custo de mudança for alto, o novo entrante deverá oferecer preço mais baixo ou produto muito melhor para atrair o cliente;
- Exigências de capital: o novo entrante precisa de capital para investir;
- Acesso à canais de distribuição: novos entrantes precisam persuadir os distribuidores a transportar seus produtos, às vezes com maiores custos do que a concorrência;
- Vantagens absolutas de custo: independentes de escala, são custos que os novos entrantes não podem imitar, como acesso a insumos necessários, baixo custo de projeto de novos produtos, localização favorável, e outros;

- Política governamental: controle governamental de novos entrantes em determinada indústria.

A retaliação esperada pode vir das organizações instaladas que tenham maior fatia de mercado, muitos recursos ou cujo crescimento de mercado é lento ou esteja caindo.

3.6.2 Análise do Modelo das Cinco Forças – Poder de barganha dos fornecedores

O aumento de preços e a redução da qualidade de seus produtos são possíveis condições de barganha usados pelos fornecedores para exercer seu poder sobre os concorrentes da indústria em que também atuam.

Figura 3.7 O poder de barganha dos fornecedores

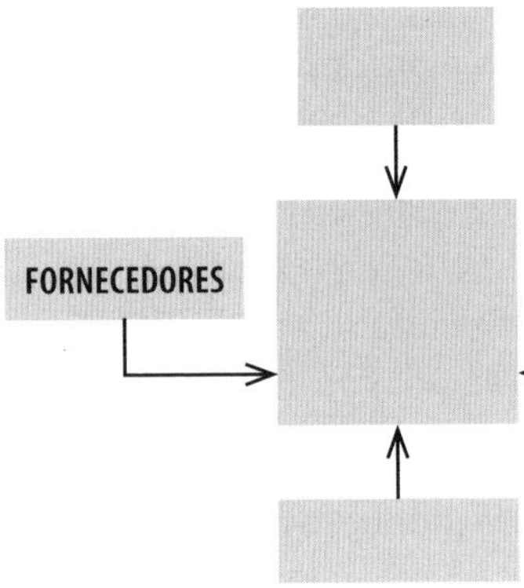

O poder de barganha é tanto maior com os concorrentes se houver:

- Diferenciação de insumos: maior poder de barganha pela pressão exercida para a indústria substituir o comprador;
- Custos de mudanças de fornecedores: em geral é alto em razão de mudanças em processos e a curva de aprendizagem;
- Presença de insumos substitutivos: menor será o poder de barganha devido à pulverização da indústria de fornecimento;
- Concentração de fornecedores: maior poder de barganha por ser indústria mais concentrada do que a indústria para a qual vende;
- Importância do volume para o fornecedor: menor será o poder de barganha quanto maior for o volume vendido, dependendo da concentração;
- Impacto dos insumos sobre custo ou diferenciação;

- Ameaça de integração para frente em relação à ameaça da integração para trás pelas empresas da indústria: poder de barganha alto por ameaçar comprar um concorrente na indústria.

3.6.3 Análise do Modelo das Cinco Forças – Poder de barganha dos compradores

O nome definido por Michael Porter e traduzido para o português foi "comprador", e por essa razão assim é mantido. Mas tratam-se de clientes, pessoa jurídica ou física, que afetam as forças da indústria usando seu poder de barganha. Enquanto as organizações desejam maximizar o retorno sobre o capital investido, os compradores desejam comprar os produtos pelo menor preço possível e assegurar que valeu a pena tal decisão de compra. Objetivando a redução de seus custos, todos os compradores barganham pela maior qualidade possível, maior nível de serviços e, certamente, menores preços. E incentivam uma batalha no campo de atuação dos concorrentes.

Figura 3.8 O poder de barganha dos compradores

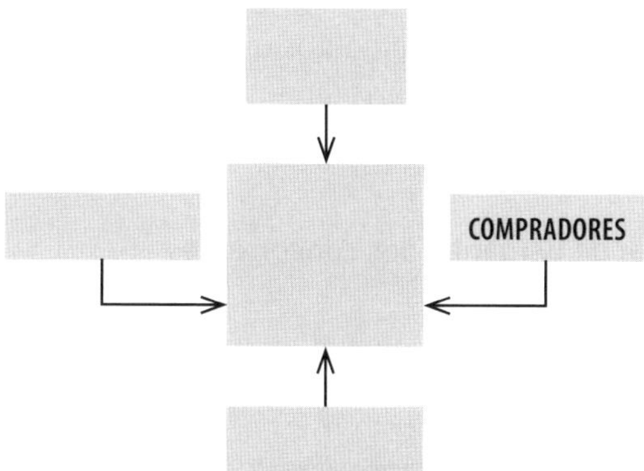

Os grupos de compradores serão muito fortes quando obtiverem alguns dos pontos abaixo mencionados:

- Alavancarem a negociação, comprando grande parte do que foi produzido pela indústria;
- Concentração de compradores for grande em determinadas geografias;
- Houver diferenças nos produtos, apreciadas pelos compradores;
- Volume de compras for favorável para o comprador em negociações;
- Nível de informação do comprador for grande em relação a organizações e seus produtos, que conhece estrutura de custo do produtor e a força da internet na procura por alternativas;

- Existirem produtos substitutos;
- Forem sensíveis aos preços praticados;
- Preço/compras totais sugerem descontos importantes nas batalhas de negociações;
- Comprador se identificar com a marca;
- Alta qualidade do produto;
- Lucros interessantes para o comprador.

3.6.4 Análise do modelo das Cinco Forças – Poder de barganha dos concorrentes

As organizações pertencentes a determinada indústria são mutuamente dependentes e, devido a isso, as ações tomadas por uma necessariamente terão respostas competitivas de outras. Isso acirra muito o processo competitivo entre elas, devido ao movimento competitivo do concorrente ou se entender que pode melhorar sua posição no mercado.

As organizações de uma indústria quase nunca são homogêneas, diferindo em tecnologias e capacitações, além de aspectos culturais específicos. E usam tais diferenças para adicionar valor aos produtos que precisam ser reconhecidos pelos compradores. Aqui a inovação exerce papel central nas diferenciações pretendidas e nos resultados mercadológicos perseguidos.

Figura 3.9 O poder de barganha dos concorrentes

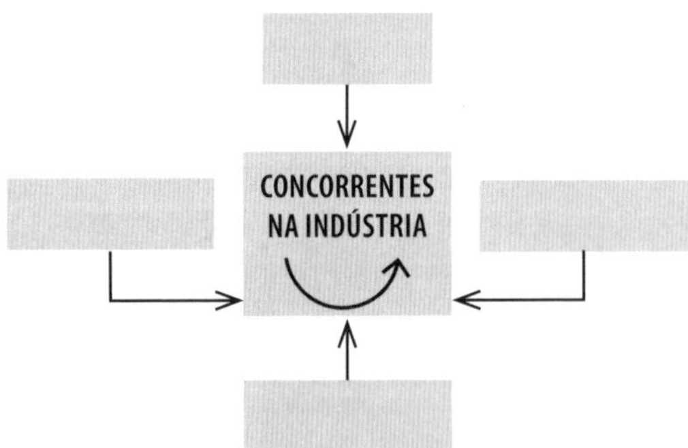

Os fatores mais importantes que serão discutidos abaixo afetam a rivalidade entre os concorrentes de uma indústria:

- Crescimento da indústria: ao crescer, o mercado "empurra" as organizações a usar recursos para aumentar a base de clientes e obter maior retorno. Mas o crescimento do mercado reduz a pressão entre os diferentes concorrentes. Se a taxa de crescimento se reduzir, a rivalidade tende a se tornar mais intensa devido a forte busca de clientes do concorrente;

- Custos fixos ou de armazenagem altos: esse fato exige que as organizações maximizem o uso de sua capacidade produtiva e aloquem e rateiem tais custos por um número maior de produtos. Porém, quando muitas organizações maximizam sua capacidade produtiva, cria-se um excesso de capacidade por toda a indústria, e sobe o nível de estoques. Para reduzir estoques, as organizações tendem a baixar preços de produtos e, com isso, geralmente acirram a concorrência;
- Ausência de diferenciação em produtos: compradores procuram diferenciação em produtos, e indústrias com essa característica enfrentam menor rivalidade e, logicamente, menor concorrência entre as organizações que ali concorrem. Produtos que são difíceis de copiar, em geral, obtém maiores retornos. Mas se os produtos forem vistos como *commodities* pelos compradores, aí pode-se esperar intensificação da rivalidade. Em geral as decisões de compra nessa circunstância ocorrem por preço do produto e pelo serviço prestado;
- Identidade de marca: fator de alto impacto na rivalidade dos concorrentes da indústria, pois compradores acreditam em marcas fortes;
- Custos de mudança: similar ao efeito da diferenciação, quanto menor for o custo do comprador para mudar de fornecedor, mais fácil é, para os concorrentes, atrair compradores por preços de produtos e serviços;
- Barreiras de saída: a decisão de sair de uma indústria é difícil e uma organização continua a investir mesmo que o retorno sobre o capital investido esteja diminuindo. Tais organizações tomam a decisão de permanecer devido a altas barreiras de saída da indústria na qual atuam. Há fatores econômicos, estratégicos e emocionais para que uma organização permaneça em determinada indústria quando a lucratividade não é adequada. Algumas barreiras podem ser ativos especializados, altos custos de saída, como acordos trabalhistas, restrições sociais ou legais.

3.6.5 Análise do Modelo das Cinco Forças – Ameaça de produtos substitutivos

Produtos ou serviços substitutivos vêm geralmente de outra indústria que atua de forma similar à indústria em estudo. Exemplos como café ou chá, copos de plástico ou copos de vidro, para citar alguns.

Em geral, produtos substitutivos oferecem forte ameaça se o custo de mudança de fornecedor for baixo para o comprador da indústria. Idêntica análise deve ser feita se o preço do produto substitutivo for menor do que o preço do produto em estudo, ou se o preço e a qualidade do substitutivo forem muito convenientes. A diferenciação de produtos nas dimensões de valor para os clientes (preço, qualidade, serviços pós-venda, localização) reduz a atratividade da substituição. Outros fatores de impacto na análise de produtos substitutivos pode ser a própria propensão do comprador em substituir.

Figura 3.10 A ameaça de produtos substitutivos

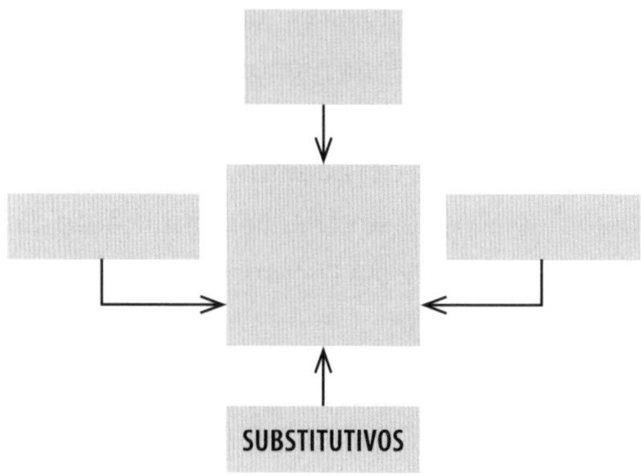

3.7 Métodos de previsão

Análise da indústria são resultados de estudos muito cuidadosos de coleta, análise e interpretação de dados. Dados existem e podem ser coletados, nunca se esquecendo de que a globalização, mercados internacionais e concorrências externas devem ser incluídos. Em muitos casos, os dados internacionais referentes a determinada indústria são mais importantes do que dados domésticos para a determinação da competitividade estratégica. Os países e suas fronteiras oficiais não são barreiras para restringir a estrutura da indústria. Alguns possíveis modelos para prever demanda e apoiar estudos sobre a competitividade organizacional podem ser:

- Pesquisas das intenções do comprador;
- Composição da opinião da força de vendas;
- Opinião de especialistas;
- Estudos da indústria;
- Análise de séries temporais;
- Análise estatística da demanda, envolvendo:

  - Produto/serviço;
  - Volume total;
  - Grupo de cliente;
  - Área geográfica;
  - Período de tempo;
  - Meio ambiente;
  - Programa de marketing.

RESUMO

O estudo deste capítulo possibilitou o aumento de conhecimentos relativos à gestão estratégica de negócios e os impactos que poderão causar nas estratégias organizacionais.

Vimos que o resultado do estudo do ambiente externo leva a determinar oportunidades e ameaças para uma organização.

Como visto, oportunidade são forças ambientais, fora do controle da empresa, que tendem a favorecer a sua ação estratégica, desde que identificadas e aproveitadas adequadamente enquanto existirem. Exemplos:

- Alta taxa de crescimento nos mercados servidos;
- Legislação que aumenta a necessidade do seu produto;
- Nova matéria-prima que melhora a qualidade do produto;
- Competidor fraco no mercado servido.

Como visto, ameaças são forças ambientais de difícil controle pela empresa, que criam obstáculos à sua ação estratégica, mas que poderão ser evitadas, contornadas ou minimizadas, desde que conhecidas a tempo e que se disponha de poder para tanto. Exemplos:

- Novas tecnologias que obsolescem o produto;
- Capacidade ociosa da indústria que aumenta competição por preços;
- Legislação que exige profundas alterações em processos produtivos;
- Competição acirrada de preços em mercados servidos.

Questões para discussão

Você e seu grupo devem selecionar uma empresa que entendam ser representativa da indústria em que a empresa atua. A empresa escolhida servirá de base para desenvolver as atividades que se seguirão. Indústrias sugeridas:

- Automobilística
- Financeira
- Varejista
- Transportes aéreos
- Saúde

Seu grupo poderá optar por outra indústria com a qual tenha mais familiaridade, só deixando claras as razões da seleção e a possibilidade de gerar a análise do ambiente e o Modelo das Cinco Forças para ela.

Esse caso é composto de duas atividades:

1. Análise do ambiente externo da empresa.
2. Modelo das Cinco Forças da indústria a que pertence a empresa selecionada.

   Vocês terão 1 hora para fazer as atividades e 15 minutos para apresentar à sala.

1. Atividade de análise do ambiente externo
   Como gerente de análise de ambiente externo de uma empresa pertencente à indústria que você selecionou acima, seu diretor solicitou que você apresente duas tendências para cada um dos segmentos de análise do ambiente externo constantes do Quadro 3.3. Eles vão afetar toda a indústria e também as empresas dessa indústria. Adicionalmente, vocês devem avaliar os impactos potenciais dessas tendências nas futuras estratégias da empresa. Preencham os seus comentários no Quadro 3.4:
2. Atividade de ambiente da indústria
   Vocês foram solicitados também a fazer uma breve análise da indústria selecionada usando o Modelo das Cinco Forças da concorrência. Indicar no Quadro 3.4 o impacto de cada uma das forças (alto, médio, baixo) na indústria e seus possíveis impactos nas futuras estratégias da empresa.

Quadro 3.3 Segmentos da análise do ambiente externo, tendências e impactos nas futuras estratégias de negócio

SEGMENTO	TENDÊNCIA	IMPACTOS NAS FUTURAS ESTRATÉGIAS ORGANIZACIONAIS
1. Demográfico	1.	
	2.	
2. Econômico	1.	
	2.	
3. Político	1.	
	2.	
4. Legal	1.	
	2.	
5. Sociocultural	1.	
	2.	
6. Tecnológico	1.	
	2.	
7. Global	1.	
	2.	

Quadro 3.4 Força do modelo impacto esperado na indústria, impactos nas futuras estratégias da empresa

MODELO DAS CINCO FORÇAS	IMPACTO DA FORÇA NA INDÚSTRIA	IMPACTOS NAS FUTURAS ESTRATÉGIAS DA EMPRESA
1. Poder de barganha dos fornecedores		
2. Poder de barganha dos compradores		
3. Ameaça de produtos substitutivos		
4. Rivalidade dos concorrentes		
5. Ameaça de novos entrantes		

3. Explique as diferenças entre o ambiente geral e o ambiente da indústria, indicando a importância delas.
4. Discorra sobre cada um dos segmentos componentes do ambiente geral.
5. O modelo das cinco forças usado para analisar a indústria é importante para a determinação do potencial de lucros dos negócios? Explique.

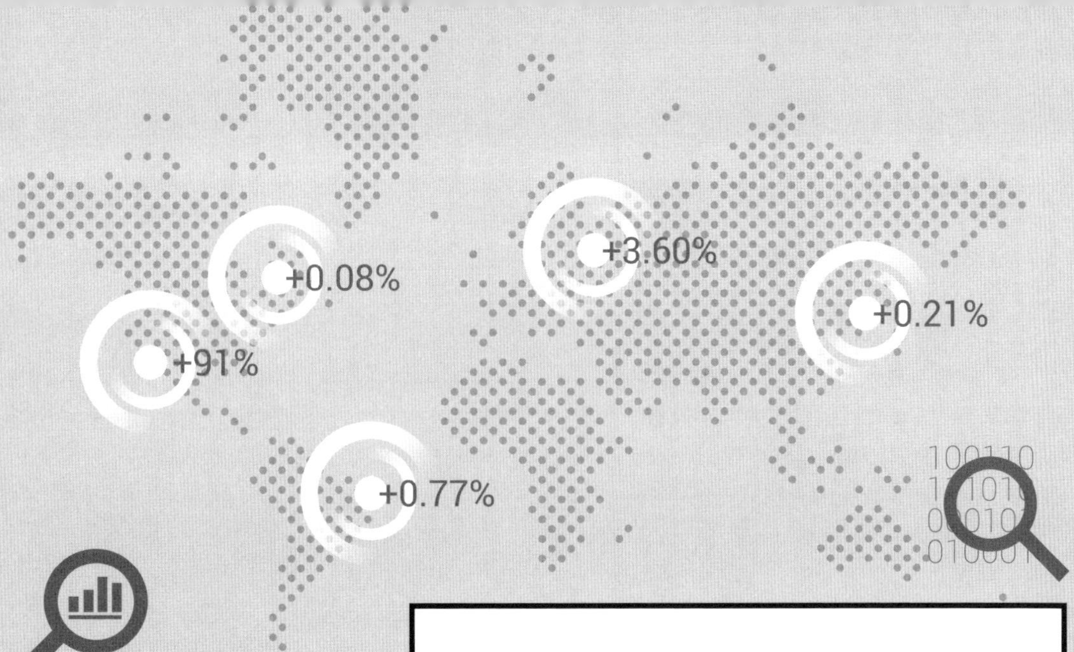

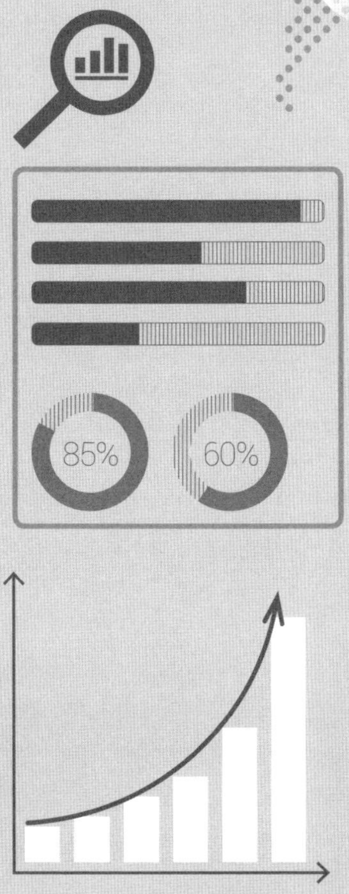

4

ANÁLISE DO AMBIENTE INTERNO

Objetivos do capítulo

Com o estudo deste capítulo, você será capaz de:

- compreender como os drivers identificados na análise do ambiente externo ajudam a conduzir a análise do ambiente interno;
- entender porque as organizações precisam realizar análise de ambiente interno, envolvendo cultura, processos, pessoas, tecnologia, sistemas, ativos, estrutura organizacional e arranjos de governança da organização;
- discutir valor e sua importância para os negócios organizacionais;
- analisar a importância do estudo sobre ativos organizacionais, e as diferenças entre ativo tangível e intangível na análise do ambiente interno;
- discutir como a cadeia de valor da organização auxilia a análise de recursos e capacitações organizacionais, identificando as competências centrais e as funções passíveis de terceirização;
- analisar a capacidade de mudança do posicionamento estratégico atual para o posicionamento futuro com base nos pontos fortes e fracos da organização.

4.1 Introdução

As grandes mudanças provocadas por forças da globalização e modernas tecnologias têm tornado mais difícil a vida das organizações para desenvolver vantagens competitivas sustentáveis. A inovação, que pressiona a organização, é uma fonte possível de vantagem competitiva, e está intrinsecamente relacionada com recursos organizacionais e sobre como tais recursos são gerenciados.

Recursos são importantíssimos para as organizações e fundamentais para a elaboração de suas estratégias, podem se tornar fonte de vantagens competitivas e podem criam riquezas em determinadas organizações. E a maioria das organizações deve pensar constantemente em como utilizar tais recursos para criar valor que clientes buscam nos produtos, principalmente nos tempos atuais, em que a quantidade de informação disponível é imensa, levando clientes a decidir pela compra depois de comparar preço e qualidade de produtos dos concorrentes, por exemplo. Uma organização obtém vantagem competitiva quando seus recursos são exclusivos, permitindo alavancar oportunidades e gerar valor para clientes. As pessoas são recursos particularmente importantes pois ajudam no crescimento, usam a criatividade para garantir e gerar inovação a almejada inovação como forma possível de crescimento organizacional e resultados.

Neste capítulo o foco é como organização e a análise do ambiente interno permitem evidenciar o que a organização faz, partindo de seus recursos, capacitações, competências centrais e como esses elementos podem gerar vantagens competitivas. O planejador estratégico, alinhado com os demais executivos organizacionais, quer mais: com base na análise do ambiente externo e suas ameaças e oportunidades deseja avaliar os recursos internos e a possibilidade de alavancá-los para obter vantagens competitivas.

É durante a análise do ambiente interno que os planejadores se aprofundam no entendimento da organização, sua estrutura, estilo de liderança e as influências no direcionamento estratégico e implantação de futuros projetos estratégicos. Faz-se a revisão da estrutura organizacional existente e suas possibilidades frente a futuras necessidades de negócios e objetivos organizacionais. Saliente-se que o descobrimento das competências é fundamental, mas tratados com olhar amplo para que permitam que a organização não incorra em rigidez que possa afetar seu desempenho nos negócios. Outros recursos, como sistemas ou capital, devem ser analisados para se entender se estão adequadamente alinhados com o futuro direcionamento. Nem todos os recursos existentes em uma organização são valiosos, mas podem criar valor se usados para gerar vantagens competitivas.

Há outros elementos importantes para a análise do ambiente interno, como a inclusão de modelos de negócios, planos (recursos humanos, processos, tecnologias, financeiro) e reconhecimento de padrões que acompanham a vida da organização, originados no passado e que necessitam de confirmação. Os líderes na organização, seus estilos de liderança e os efeitos desses estilos na geração e implantação das estratégias também devem ser identificados por meio de entrevistas com as lideranças, que envolve a alta administração, passa pela camada gerencial e pelo comando de áreas operacionais.

A fase de análise do ambiente interno é importante instrumento de coleta de dados e informações que ajuda a traçar o perfil da organização. É a partir das descobertas obtidas com o diagnóstico do ambiente interno, associadas às descobertas obtidas da análise do ambiente externo, que será possível para a administração propor soluções e melhoria de resultados. Para as organizações globais, o *global mindset* é fundamental para se tomar decisões internas que levem à obtenção de vantagens competitivas.

4.2 Análise interna da organização

Recursos, capacitações e competências centrais são os pilares da obtenção da vantagem competitiva que está na agenda de qualquer organização. E a organização, que se apresenta como uma cadeia de valor, objetiva a geração de valor para seus clientes. Este parágrafo trata de conceitos essenciais que o planejador deve ter ao desenvolver a análise interna na organização.

4.2.1 Valor

Pela exploração das competências centrais ou das vantagens competitivas para estar no mesmo padrão da concorrência, as organizações criam valor para seus clientes. O valor é medido pelas características de desempenho dos produtos e pelos atributos pelos quais os clientes desejam pagar.

4.2.2 Recursos

São as "entradas" ao processo produtivo da empresa, como equipamentos, habilidades de cada colaborador individualmente, patentes, caixa e administração talentosa.

- *Recursos tangíveis*: podem ser vistos e permitem contagem. São:
  - **financeiros:** geração de receita, capacidade de tomar empréstimos;
  - **organizacionais**: a estrutura organizacional e sua forma de planejar, executar e controlar;
  - **físicos:** fábricas e equipamentos;
  - **tecnológicos:** estoque de patentes, marcas registradas, direitos autorais.
- *Recursos intangíveis*: estão associados historicamente com a organização e foram acumulados por ela durante seu processo evolutivo. Já que são específicos por organização, não são imitáveis pelos concorrentes. São:
  - **humanos:** conhecimento, confiança, capacidade gerencial, rotinas operacionais;
  - **inovação:** ideias, capacidade de realizar pesquisas científicas;
  - **reputação:** respeito de clientes e de fornecedores, marca forte, percepção da qualidade, durabilidade e confiabilidade do produto.

4.2.3 Capacitação

Conjunto de recursos que executa tarefa ou atividade de maneira integrada. Podem ser o indivíduo, o grupo de indivíduos, ou outros elementos que, juntados de maneira adequada trabalham para que a organização defina as competências centrais que são, por sua vez, a base para obtenção de vantagem competitiva.

4.2.4 Competência central

Recursos e capacitações que servem como fontes de vantagens competitivas para a organização na relação com seus concorrentes.

4.2.5 Pontos fracos

Situação inadequada, desfavorável, controlável e que proporciona para a organização desvantagem operacional e/ou estrutural no ambiente em que atua.

4.2.6 Pontos fortes

Situação favorável, controlável, com diferenciação alcançada pela organização e que lhe proporciona vantagem operacional e/ou estrutural no ambiente em que atua.

4.3 Diagnóstico empresarial – Análise interna

4.3.1 Bases para desenvolver a fase de análise interna

A característica essencial da análise do ambiente interno da organização é que as forças que afetam a evolução dos negócios e aqui estudadas podem ser controladas pela organização. Elas ocorrem e afetam as decisões que os executivos tomarão para enfileirar a organização no caminho da competitividade estratégica, vantagens competitivas e retorno acima da média. Com essas informações, associadas com a experiência dos executivos da organização, as decisões tomadas ensejarão o sucesso dos negócios, podendo alterar de maneira significativa a rota que a organização irá tomar no futuro. Daí é que se afirma que as variáveis internas estão sob controle organizacional.

A etapa de diagnóstico empresarial, como vimos, segue-se à etapa de organização do projeto de planejamento estratégico organizacional, e a fase de análise do ambiente interno pode ocorrer simultaneamente à análise do ambiente externo se houver recursos humanos, financeiros e tempo dos executivos para apoiar o desenvolvimento dessa fase. Caso contrário, deverá ser desenvolvida na sequência daquela. Tratará dos conceitos fundamentais apresentados, com foco, recursos e capacitações.

Obtenção de vantagens competitivas e geração de valor a clientes devem ser a base para a análise interna, por isso, as atividades associadas à análise do ambiente interno devem ser desenvolvidas rapidamente. Nela, identificam-se e analisam-se temas internos, centrais para os negócios: *processos e tecnologias, pessoas e cultura*. Os temas organizacionais, como veremos, podem trazer impactos positivos ou negativos na vida organizacional e sua análise e avaliação ajudam a identificar pontos fortes e fracos e futuros impactos nas estratégias.

Entrevistas com a alta administração e usuários-chave destacarão as principais características organizacionais, derivadas dos temas – *cultura organizacional, processos, pessoas, tecnologia, sistemas, ativos, estrutura organizacional e arranjos de governança* – e também a contribuição de cada uma dessas características ao valor gerado pela organização. Cada uma dessas características, por si só, pode dar importantes contribuições na estruturação de pontos fortes e fracos que orientarão mudanças necessárias e projetos de reposicionamento estratégico.

O plano de trabalho desenvolvido pela equipe de projeto e apresentado no Capítulo 2 tem de prever a associação de causa-efeito das características organizacionais com os pontos fortes e fracos da Análise SWOT. A Figura 4.1 demonstra a sequência adequada da fase.

Figura 4.1 Processo de gestão estratégica – Diagnóstico empresarial – Análise do ambiente interno

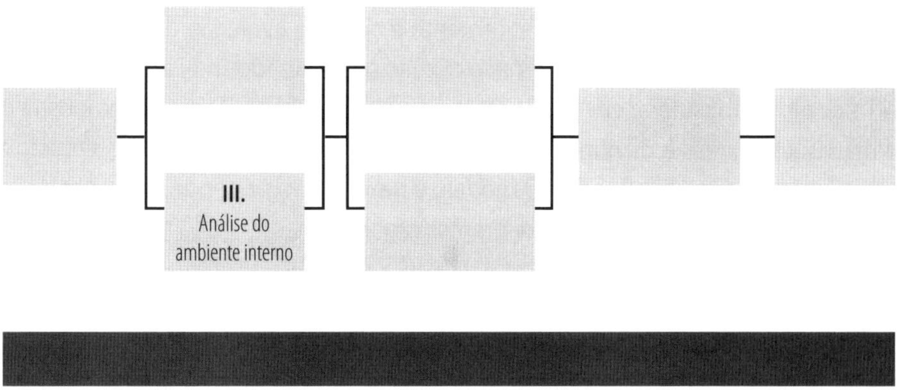

Segundo Silbiger,[1] é na fase de análise do ambiente interno que se completa a Análise SWOT, como apresentado na Tabela 4.1.

1 SILBIGER, 1996.

Tabela 4.1 Análise SWOT

ANÁLISE SWOT		
Ambiente analisado	Impactos positivos	Impactos negativos
Externo	Oportunidades (O)	Ameaças (T)
Interno	Pontos fortes (S)	Pontos fracos (W)

Algumas questões podem ajudar a levantar causas e analisar efeitos e seus possíveis impactos nas estratégias organizacionais. Entre elas:

- Qual é a avaliação atual da organização?
- O que fazer para ganhar?
- Como anda o desempenho organizacional?
- Quais são nossas competências centrais?
- A cultura organizacional permite evoluir?

Os *drivers* identificados na análise externa, juntamente com fatores decorrentes da análise da indústria, são elementos importantes para se analisar as características organizacionais citadas anteriormente e apoiar a evolução da organização. A Figura 4.2 representa um modelo teórico que, ao ser finalizado, indicará áreas de atenção e pontos a considerar em outras etapas do planejamento. A matriz demonstra de forma visual as áreas e os pontos e é ferramenta útil para resultados que afetarão as estratégias a serem selecionadas. O modelo é flexível, não pretende representar uma solução e deve ser adaptado para diferentes organizações.

> Os resultados da análise se somarão aos pontos fortes e fracos da organização para definição de futuras estratégias.

Figura 4.2 Pontos fortes e fracos

4.3.2 O desempenho organizacional

As organizações preocupam-se muito com desempenho. Procuram ativamente melhorá-lo e, simultaneamente, obter as melhorias organizacionais importantes para elaborar futuras estratégias. A Figura 4.3 representa modelo orientado de análise de desempenho que pode servir de base para as análises realizadas durante a fase de análise interna. Este modelo, adaptável, representa um *framework* para se pensar na organização como um sistema único e integral. Por se tratar de ferramenta integrativa, fica difícil focar-se em apenas uma parte do sistema sem levar em consideração as outras partes. O tipo de análise a ser conduzida nesta tarefa depende dos principais problemas que afetam os negócios.

> Os resultados da análise se somarão aos pontos fortes e fracos da organização para definição de futuras estratégias.

Figura 4.3 Modelo de desempenho organizacional

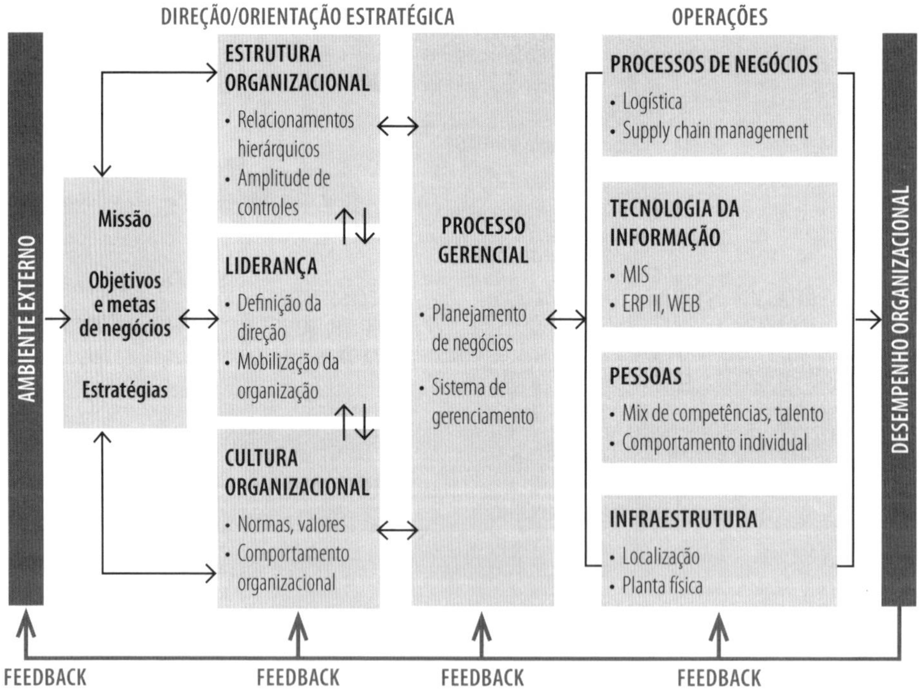

4.3.3 Análise da estrutura organizacional

As atividades de análise da estrutura organizacional permitem amplo entendimento de como a organização está estruturada, que é fundamental para analisar-se capacitação, estilo das lideranças, cultura organizacional.

A revisão da estrutura organizacional decorre das necessidades de negócios e seu necessário alinhamento com objetivos futuros. As análises devem incentivar discussão se a organização tem foco nesses objetivos e nesse direcionamento estratégico em vigor e/ou se os recursos estão adequadamente alinhados com eles.

Entrevistas com a alta administração fornecerão modelos e planos para se analisar a estrutura organizacional; os líderes organizacionais, seus estilos de liderança e os efeitos desses estilos na geração e implantação das estratégias também são identificados e seus efeitos sobre os direcionamentos estratégicos e a condução de futuros projetos. A pesquisa histórica a respeito de normas organizacionais indicam áreas organizacionais que necessitem de atenção especial. Essa tarefa avalia a prontidão organizacional para as mudanças.

> Os resultados da análise se somarão aos pontos fortes e fracos da organização para definição de futuras estratégias.

4.3.4 Analisar o conjunto de capacitações ou habilidades disponíveis

Objetiva entender recursos humanos, o uso que fazem de ativos tecnológicos e os efeitos que fazem em estratégias atuais. Levanta-se e revisa-se o estoque de pessoas, sua capacitação tecnológica para conduzir processos organizacionais e maturidade em tecnologias. O resultado evidencia capacitações existentes, fornece os *gaps* frente a habilidades emergentes e maturidade tecnológica. A Figura 4.4 apresenta o conjunto geral de capacitações organizacionais desde o grupo de profissionais que "fazem acontecer" ao grupo que "dá vantagem competitiva" para a organização. Ainda, apresenta os grupos como profissionais que realizam procedimentos padronizados e estruturados e, portanto, "fáceis de copiar" daqueles que executam tarefas complexas, desestruturadas, que exigem conhecimento e experiência em sua execução, portanto "difíceis de copiar".

> Os resultados da análise se somarão aos pontos fortes e fracos da organização para definição de futuras estratégias.

Figura 4.4 Análise de capacitações ou habilidades organizacionais

4.3.5 Análise das competências centrais

A análise da cadeia de valor fundamenta-se na determinação de atividades estratégicas e que agregam valor aos produtos daquelas que são operacionais e de menor valor agregado. A análise das competências centrais é a sequência da atividade anterior com foco em agregação de valor. O propósito da atividade é avaliar as capacitações da organização em sua cadeia de valor utilizando-se um modelo hierárquico que as identifique e em qual grau elas provocam a agregação de valor, obtenção de vantagens competitivas ou alavancagem para o negócio. A Figura 4.5 apresenta esquematicamente um modelo que orienta planejadores a decidir a separar capacitação/habilidade de competência central. Saliente-se que a pirâmide apresentada no modelo é composta de quatro níveis, mas as organizações devem montar a hierarquia mais apropriada para o entendimento de seu negócio.

Há quatro critérios[2] que ajudam a definir as competências centrais:

- são capacitações *que agregam valor*, pois permitem que a organização que as possui explore oportunidades ou neutralize ameaças do ambiente externo;
- são capacitações *raras*, pois poucas ou nenhuma organização tem, principalmente as concorrentes;
- são capacitações *caras de imitar*, e poucas são as organizações que conseguem desenvolver facilmente;
- são *insubstituíveis*, pois ainda não há equivalentes estratégicos no mercado.

2 IRELAND, HOSKISSON, HITT, 2009.

É a alta administração, apoiada por outros tomadores de decisão que determina se a atividade é de capacitação/habilidade ou competência central. O risco que uma organização pode correr é de definir de forma muito estreita a indústria de atuação, o que pode levar a se focar em necessidades inadequadas de competências ou em um subconjunto de competências necessárias para se concorrer efetivamente.

> Os resultados dessa análise se somarão aos pontos fortes e fracos da organização para definição de futuras estratégias.

Figura 4.5 Modelo de competências organizacionais

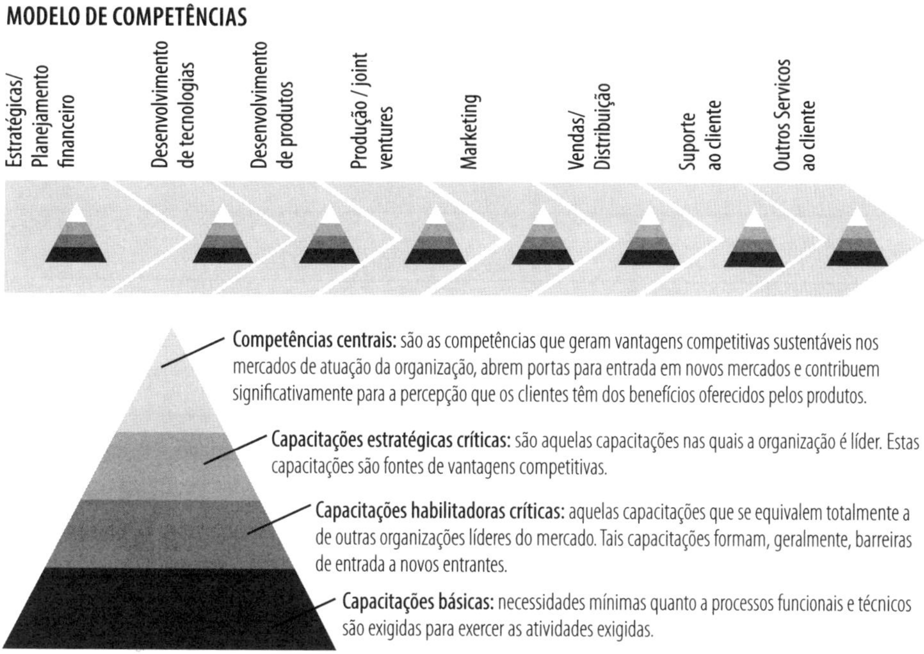

4.3.6 Expectativas dos grupos de interesse

Há diferentes grupos de interesse na organização, que precisam ser mapeados por terem objetivos comuns, ou por serem importantes para condução de processos específicos ou por representarem sindicatos ou outras entidades externas à organização. Tais grupos podem ter expectativas e objetivos conflitantes com os da organização em diversos aspectos que precisam ser levantados e analisados. A Tabela 4.2 exemplifica esses grupos.

Tomadores de decisão têm que fazer escolhas conscientes quanto a grupos específicos de interesse, e tratar suas escolhas que podem não ser prioritárias, por existirem conflitos quanto a essas reinvindicações. O simples fato de analisar grupos de interesses já dá uma alerta de sua existência e qual poderá ser o impacto que representarão nas estratégias organizacionais.

Os resultados dessa análise se somarão aos pontos fortes e fracos da organização para definição de futuras estratégias.

Tabela 4.2 Mapeamento dos grupos de interesse

GRUPO DE INTERESSE	OBJETIVOS	SE CONFLITANTES, QUAIS SÃO AS AÇÕES POTENCIAIS
Acionistas	———	———
Sindicatos	———	———
Autoridades de governos	———	———
CEO	———	———
Conselho ADM	———	———
Clientes	———	———
– – –	———	———

4.3.7 Análise da cultura organizacional

Pessoas são recursos fundamentais e prioritários para o desenvolvimento de um projeto de planejamento estratégico. Ligadas a crenças, as pessoas desempenham atividades organizacionais com base nessas crenças, o que pode afetar a lucratividade de longo prazo. Como isso afeta interesses organizacionais e leva tempo para mudar, especial atenção deve ser dada à cultura organizacional no desenvolvimento do plano de negócios.

Ao conjunto de crenças, dá-se o nome de cultura.

Toda e qualquer empresa, pequena ou grande, carrega muita bagagem. O desenvolvimento de um plano de negócios poderá ter valor limitado se as organizações não se beneficiarem dessas heranças. Os colaboradores questionam o que o processo de planejamento estratégico irá significar para eles, pois seus interesses pessoais também estarão em jogo com um plano que poderá alterar os rumos organizacionais e de suas vidas.

As heranças trazidas podem ser liderança, estrutura física, incentivos, estruturas de premiação, tecnologias habilitadoras. Tudo afeta o pensamento e as ações de gerentes e colaboradores, sendo influências invisíveis.

A Tabela 4.3 representa um modelo que pode ser coletado, denominado de Matriz da Cultura Organizacional. O modelo auxilia a levantar aspectos culturais e crenças organizacionais, influências, atividades que são geradas a partir delas e os respectivos resultados para os negócios. As entrevistas com tomadores de decisão e demais colaboradores ajudam a determinar as crenças referentes a aspectos dos negócios como estilo gerencial, a imagem da organização, o passado e o futuro da organização e outros fatores relevantes. Entender as crenças e as razões de sua existência são importantes se forem mapeados com os *drivers* observados na análise do ambiente externo.

> Os resultados dessa análise se somarão aos pontos fortes e fracos da organização para definição de futuras estratégias.

Tabela 4.3 Matriz da cultura organizacional

FATOR	CRENÇA	ATIVIDADE	RESULTADO
Influência de cidade pequena	Suportar a cidade	Contratar localmente	Falta de capacitação requerida para grandes organizações
Organização × influência do fundador	A organização vai cuidar de mim	Permanecer na posição por muito tempo	Perspectiva estreita com relação ao negócio
Abordagem histórica quanto ao estilo gerencial "de cima para baixo"	Ideias individuais não contam	Iniciativa e criatividade irrelevantes	Manutenção de enfoques tradicionais
Sucesso no longo prazo	A organização vai continuar sendo bem-sucedida	Mudanças pequenas	Processos principais se tornam muito padronizados
Forte disciplina prevenindo erros	Ser punido se cometer erros	Comportamento de aversão ao risco	Inexistência de geração que traz novas ideias

4.3.8 Análise dos processos organizacionais

Objetiva entender com quais funções de negócios a organização entrega valor aos clientes e determinar com quais funções a organização possui vantagem ou desvantagem estratégica.

Os negócios da organização devem ser "quebrados" em componentes apropriados e representativos do negócio que podem fugir de suas funções primárias e secundárias. Em uma manufatureira, os componentes de contribuição são os processos *criar, produzir, vender*. Cada componente deve ser adequadamente documentado de acordo com o enfoque organizacional. As atividades primárias e secundárias são extraídas de cada um desses componentes, para os quais se identificam os fatores críticos de sucesso, bem como a avaliação organizacional de seus pontos fortes e fracos para a elaboração de estratégias.

A organização deve estabelecer regras para reter ou terceirizar processos empresariais, o que decorre da estruturação da cadeia de valor, que estrutura as atividades primárias e as de apoio ou secundárias. As atividades secundárias serão as primeiras a considerar em análise de terceirização de atividades. A Figura 4.6 apresenta os principais resultados da atividade. A matriz de valor foi criada por Michael Porter.

> Os resultados dessa análise se somarão aos pontos fortes e fracos da organização para definição de futuras estratégias.

Figura 4.6 Visão de processos – Cadeia de valor

Fonte: PORTER, M. *The competitive advantage of nations*. New York: Free Press, 1998.

4.3.9 Analisar sistemas e tecnologias

Esta tarefa se foca em analisar a efetividade dos sistemas de informações atuais e do alinhamento entre sistemas, medidas desempenho e estratégias do negócio.

Os principais sistemas de informação e de medida de desempenho empresarial que suportam o negócio devem também ser analisados e uma avaliação deverá ser apresentada. O material precisa apresentar as necessidades de informação e as medidas de desempenho atuais. Será necessário o envolvimento de usuários de áreas-chave, grupos focalizados, definições das arquiteturas de aplicativos potenciais e tecnologias habilitadoras.

> Os resultados dessa análise se somarão aos pontos fortes e fracos da organização para definição de futuras estratégias.

4.3.10 Analisar a terceirização de atividades

Terceirização significa comprar valor de um fornecedor externo. Atualmente muita discussão a respeito de terceirização de atividades organizacionais e muita atenção tem que ser dada a legislação trabalhista brasileira que rege o assunto. As organizações que decidem terceirizar atividades trocam custos por faturas de serviços, afirmam que aumentam a flexibilidade, mitigam riscos e reduzem investimentos em capital. Mundialmente a taxa de terceirização de atividades tem crescido bastante. A indústria automotiva e a eletrônica são o exemplo da crescente terceirização. Mas como qualquer outra decisão no processo de gerenciamento estratégico, uma análise criteriosa deve ser realizada antes da decisão da organização de terceirizar.

A terceirização acontece como uma decisão organizacional, porque poucas – se existirem – organizações possuem recursos e capacitações necessárias para obter vantagens competitivas em todas as atividades primárias e de suporte. Algumas pesquisas indicam que são poucas as organizações que conseguem desenvolver internamente todas as tecnologias que podem levar às vantagens competitivas. Por outro lado, se a organização se concentrar em um número menor de capacitações, há uma probabilidade maior de desenvolver vantagem competitiva por não estender muito seus processos organizacionais. Além disso, ao terceirizar atividades nas quais falta competência a organização pode se concentrar totalmente nas áreas de criação de valor. Porém, elas devem terceirizar somente as atividades que não criam valor ou nas quais têm desvantagens, se comparadas com os concorrentes. Para avaliar se atividades primárias ou de apoio podem ser terceirizadas, o tomador de decisão deve ter quatro habilidades: pensamento estratégico, elaboração de propostas, governança de parcerias de negócios e gerenciamento de mudanças.

Os resultados dessa análise se somarão aos pontos fortes e fracos da organização para definição de futuras estratégias.

4.3.11 Analisar posição financeira

Nessa atividade será desenvolvido o estudo do desempenho financeiro da organização. A evolução da lucratividade deve ser investigada em diversas perspectivas, incluindo análises de produtos, clientes, canais de distribuição, mercados externos. Isso exigirá acesso a detalhes das contas contábeis, a executivos e discussões com pessoal-chave da área financeira. É possível também que seja necessário desenvolver um modelo financeiro geral para a organização, incluindo impactos em custos de produção.

O foco será em resultados financeiros, ROI (*return on investment*), estrutura de capital e restrições. *Benchmarks* financeiros com concorrentes poderão ser conduzidos. Relatórios de *brokers* e material da imprensa podem também ser úteis como suportes.

Os resultados da análise se somarão aos pontos fortes e fracos da organização para definição de futuras estratégias.

4.3.12 Analisar os principais concorrentes

Essa atividade consiste em definir quais são os principais concorrentes, os recursos de que dispõem para conduzir suas atividades, avaliar os registros de desempenho e quais são as abordagens utilizadas em diferentes áreas como engenharia, produção, marketing, tecnologia, para citar algumas.

A técnica utilizada é o *benchmarking*. Através dela se identifica e mede os fatores que determinam porque um processo tem determinado atributo de custo, qualidade com o objetivo de incorporar a melhor prática do mercado em um plano de mudanças factível. Identificam-se as funções para as quais se deseja efetivamente comparar com concorrentes no mercado, bem como seus indicadores de desempenho. O trabalho consiste em determinar também com quem a organização deseja ser comparada dentro e fora da indústria em que atua, estabelece o processo de coleta de dados, forma de mensuração até a determinação de *gaps* e suas justificativas.

Um plano de ação deve ser elaborado com recomendações a respeito dos *gaps* levantados que comporão o rol de pontos fortes e fracos da organização.

Os resultados dessa análise se somarão aos pontos fortes e fracos da organização para definição de futuras estratégias.

Tabela 4.4a *Benchmarking*

A "VIDA" DO CONCORRENTE

FINANCEIRA	RELACIONADA AOS PRODUTOS	PRODUÇÃO
Vendas	Produtos	Facilidades
Margem bruta	Força de vendas	P&D
Receita operacional	Propaganda	Engenharia
Lucro líquido	Distribuição	Processos
ROI	Níveis de serviços	
Taxa de crescimento de vendas		

Tabela 4.4b *Benchmarking*

EXEMPLO: AVALIAÇÃO DA ENGENHARIA DO PRODUTO

	PTO. FORTE			PTO. FRACO		CONCORRÊNCIA		
	5	4	3	2	1	A	B	C
Capacidade de Desenhos		×				3	4	2
Facilidades					×	2	2	1
Novos produtos	×					2	3	3
Equipamentos				×		3	3	4
Tecnologia			×			2	1	3

4.4 Sumário da análise do ambiente interno

Na busca pela competitividade estratégica e obtenção de vantagens competitivas, aquelas organizações que estejam desenvolvendo planejamento estratégico na fase de análise do ambiente interno devem pensar nos quatro temas organizacionais: pessoas, cultura, processos e tecnologias. A cultura organizacional, sua cadeia de valor e a estrutura organizacional são elementos-chave para o desenvolvimento das atividades.

Recursos devem ser levantados prioritariamente ao se desenvolver a análise interna, e são classificados em tangíveis e intangíveis. Diversas análises são iniciadas com relação aos temas e características organizacionais. A descoberta das competências centrais é chave nesse processo evolutivo e os quatro critérios mencionados na Figura 4.7 ajudam a decidir. A análise da cadeia de valor, que é um modelo usado pela organização, permitirá que analise seu posicionamento de custos no mercado e identifique diversos meios que podem ser usados para facilitar a implantação de futuras estratégias que serão definidas. A terceirização de atividades organizacionais deve ser tema presente em análise do ambiente interno.

Figura 4.7 Principais componentes da análise do ambiente interno

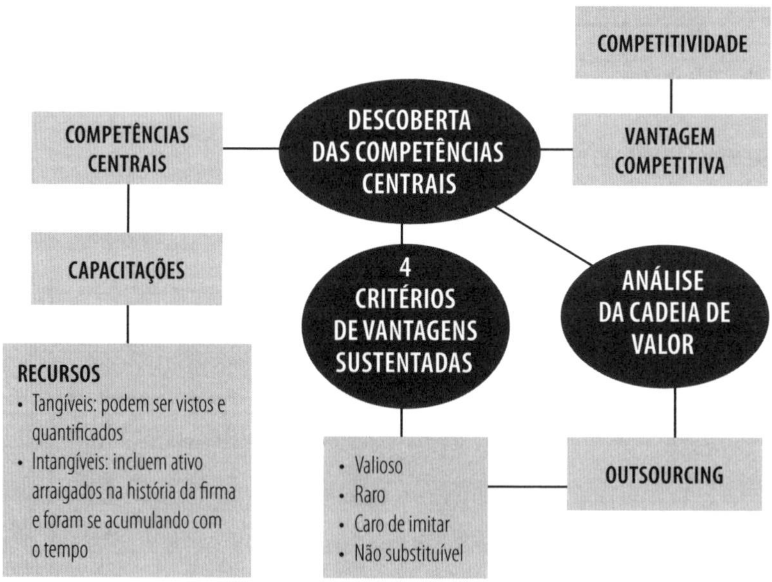

Fonte: adaptado de IRELAND, HOSKISSON, HITT.

4.5 Pontos fortes e fracos da organização

Ao longo da elaboração da fase de *Análise do Ambiente Interno* levantaram-se pontos fortes e fracos de diferentes temas e características organizacionais. Caso uma organização reconheça que tem capacitações fracas ou não tem competência central em área-chave para obter vantagens competitivas, ela deve adquirir tais recursos e assim construir as capacitações e competências necessárias. Como alternativa, é possível terceirizar uma função ou atividade que a organização considere fraca para melhorar o valor que gera para os clientes.

No entanto, qualquer organização necessita ter recursos adequados e capacitações para desenvolver futuras estratégias, criando valor para os clientes e outros grupos de interesse como acionistas. Diretores e gerentes entendem que ter muitos recursos não quer dizer ter os recursos adequados. Além disso, os tomadores de decisão retomam foco e produtividade quando os recursos são limitados. As competências centrais, aqui bastante comentadas, são geralmente consideradas pontos fortes da organização. É aqui que a astúcia dos administradores deve entrar em jogo, pois se as competências centrais forem enfatizadas quando não são mais completamente relevantes, elas podem se tornar uma fraqueza: a semente da inércia organizacional.

A inércia associada à cultura organizacional pode ser um sério problema para muitas organizações e pode se tornar uma rigidez organizacional, limitando esforços para melhorar o desempenho. Não há de se esquecer que eventos externos criam condições para que as competências centrais se tornem rigidez organizacional, gere inércia cultural e abafe a inovação. A alta administração tem a responsabilidade de acompanhar de perto a evolução desses fatores críticos para os negócios.

Todos os pontos levantados são sumariados e organizados de forma a permitir a análise na etapa seguinte de elaboração do planejamento estratégico: o workshop estratégico, a ser detalhado no Capítulo 5. É bem verdade que durante a análise do ambiente interno, a cada ponto fraco e forte determinado, surge uma estratégia aparente na cabeça dos planejadores para solucioná-lo. Porém, a solução realmente virá em seguida com a efetiva participação de pessoas-chave na organização reunidas exclusivamente para elaborar as futuras estratégias organizacionais.

Figura 4.8 Identificar pontos fortes e fracos

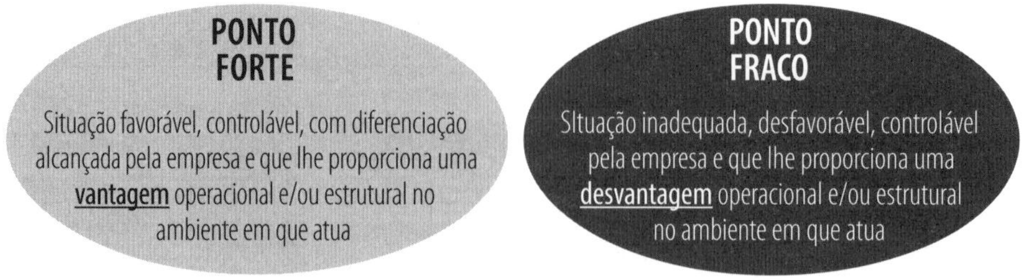

4.6 Produtos acabados esperados

Resumidamente, os produtos acabados da fase de análise interna foram seus recursos, capacitações, cadeia de valor, avaliação interna de produtos e serviços, avaliação frente aos concorrentes e a relação de pontos fortes e fracos, como mostra a Figura 4.9.

Figura 4.9 Produtos acabados

- Recursos, capacitações competências
- Valor e cadeia de valor da empresa
- Avaliação das linhas de produtos ou serviços
- Avaliação da posição da empresa na indústria
- Pontos fortes e fracos

Resumo

O estudo deste capítulo possibilitará conhecer o ambiente interno da organização, seus pontos fortes e fracos, e os impactos que poderão causar em futuras estratégias organizacionais.

Questões para discussão

As questões deste capítulo fazem parte de um estudo de caso da Organização Educação Brasil.

CASO Educação Brasil

As empresas enfrentam pressões para se "abrirem" e se tornarem mais transparentes. Igualmente forte é a demanda de acionistas, autoridades e clientes para entender como as empresas operam. A maior parte dos executivos ainda pensa muito se deve divulgar dados de desempenho trimestral para analistas de mercado ou para colaboradores alguns dias ou semanas depois do fechamento do trimestre. No entanto, a divulgação dos dados de desempenho não deveria ser uma escolha – trata-se de uma oportunidade para criar uma vantagem competitiva. Empresas visionárias da "nova economia" usam a divulgação de dados de desempenho corporativo para atrair capital e dar poder (*empowerment*) a colaboradores. Igualmente importante, os dados de desempenho empresarial e as informações que deles decorre estão se tornando um conceito de prestação de serviços ao cliente. Muitas empresas permitem esse acesso para melhorar a lealdade do cliente ou porque desejam sua melhoria; isto está se tornando uma necessidade em alguns mercados de atuação.

1. Introdução

"O que você mede é o que você consegue", diz o Presidente da Educação Brasil, ao iniciar a reunião mensal com os executivos da empresa. "Nossos negócios precisam respirar novos ares: saber quanto capital investir agora e no futuro para atender melhor os clientes com novos produtos e com colaboradores bem alinhados. Entendo que precisamos medir melhor o que fazemos. Aprecio muito as medidas do sistema contábil-financeiro que nos suporta, mas entendo que esse sistema pode estar nos dando sinais controvertidos quanto a melhorias contínuas e inovação – atividades que ambientes competitivos requerem."

Alguns executivos da empresa, porém, externaram durante a reunião a posição de que a Educação Brasil deveria "esquecer" as medidas financeiras, assegurando que apenas melhorias de métricas operacionais influenciariam resultados financeiros.

2. O negócio da Educação Brasil S.A.

A Educação Brasil S.A. projeta, desenvolve e vende programas de treinamento para empresas. Mais especificamente, a Educação Brasil vende uma série de cursos de cinco dias relacionados à produtividade. O programa é ministrado por um funcionário da empresa cliente, que é treinado pela Brasil para executar tal programa. Uma venda típica consiste num pedido de treinamento de vários instrutores do cliente e a aquisição de algumas centenas de conjunto de materiais didáticos (chamados de "unidades").

3. A indústria de serviços de treinamento

As empresas de treinamento reconhecem que o sucesso de seus programas, Revisão e Melhoria de Processos (e.g. - TQM), Activity-based Management (ABM) Balanced Scorecard (BSC), Activity-based Costing (ABC), Negócios na WEB, Parcerias com Fornecedores – entre outros) depende dos colaboradores para internalizar ideias e teorias administrativas "quentes" no mercado e agir proativamente de acordo com as mensagens obtidas de cada um dos programas e cursos.

As empresas que treinam podem fazer análises mensais com amostras aleatórias de colaboradores para determinar se os colaboradores conhecem e usam efetivamente o conteúdo do curso ministrado e se, com o treinamento no curso, mudaram seu comportamento, se acreditaram que os resultados foram favoráveis e se eles se tornaram "missionários" para outros colaboradores.

Essa indústria está em franco crescimento; há nichos concorrenciais quanto aos programas e cursos ofertados, e os preços do treinamento tendem a se estabilizar, tornando-se um negócio de concorrência perfeita.

A Internet, nessa indústria, pode ser um fator crítico de sucesso. O relacionamento com Universidades e empresas de consultoria costuma ser a forma mais rápida de acesso a conteúdos de valor agregado que deve ser trabalhado para adaptar a teoria à prática nos negócios de treinamento.

A estrutura organizacional da Educação Brasil

A Educação Brasil está organizada da seguinte forma:

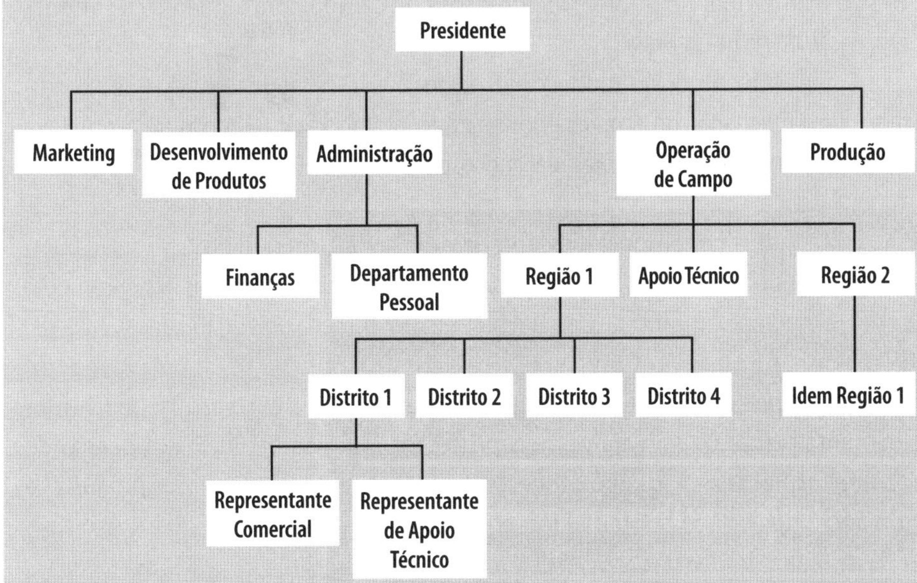

4. Resumo da reunião executiva

A Educação Brasil foi pioneira no campo de treinamento e seus produtos dominaram o mercado durante anos. Nos últimos dois anos, porém, a empresa vem sentindo cada vez mais a pressão da concorrência. Existem agora vários concorrentes oferecendo produtos similares, de qualidade inferior (uma diferença que a maioria dos clientes não percebe), a um preço mais baixo.

O pessoal de Desenvolvimento de Produtos confirmou que os clientes querem novos produtos em frequência cada vez maior, serviço de entrega dos treinamento que lhes dê o devido conforto para se programarem. Qualquer um deles se considera o *'cliente mais importante da Educação Brasil'* e entendem que podem desenvolver programas de treinamento conjuntamente com a empresa.

O pessoal da Produção reclamou muito da tecnologia de produção, afirmando que estão ultrapassados em processos produtivos, desejando um apoio organizacional para investir mais na função. Isso permitiria reduzir o tempo de ciclo do produto, favorecendo a entrada de novos produtos mais rapidamente.

A administração disse que a empresa tem de sobreviver, dado os resultados dos últimos anos. Manter um *cash-flow* positivo já será de grande ajuda para o negócio, bem como reduzir o *time-to-market* na geração de novos produtos. Deseja mais empenho da área de operações de campo para aumento das vendas e do *market-share* da Brasil.

Ao fim da reunião, todos concordaram que o resultado tem tido queda constante da participação da empresa no mercado, ao longo dos últimos três anos. Para enfrentar esse problema empresarial crítico, o presidente da Brasil decidiu:

I. Reduzir o tempo necessário para atender a um pedido;
II. Introduzir dois novos produtos ao ano nos próximos três anos (historicamente a Brasil vem introduzindo um produto novo a cada dois ou três anos).

O presidente está ciente de que esta *"estratégia em pinça"* depende fundamentalmente da eficácia de dois processos internos da Brasil – processo de *"atendimento de pedidos"* e o processo de *"desenvolvimento de novos produtos"* e do apoio dos colaboradores ao fornecer o serviço requerido.

5. Tópicos aprovados na reunião

5.1 Questão Empresarial Crítica (QEC)

A participação no mercado caiu de 60% para 48% nos últimos três anos.

5.2 Metas

Obter uma participação no mercado de 65% em cinco anos, orientada para o cliente da Brasil.

Aumento da base de clientes em 20% ao ano.

5.3 Processos internos

a. Processo de "Atendimento a Pedidos": meta é que os clientes recebam todos os pedidos dentro de dez dias a partir da colocação do pedido de compra do treinamento.
b. Processo de "Desenvolvimento e Lançamento de Novos Produtos" – a meta é que todos os novos produtos sejam lançados com

sucesso no mercado, dentro de três meses a partir do início de seu desenvolvimento.

5.4 Clientes

c. Investir nos produtos que mais vendem.
d. Parceria com o cliente para desenvolver treinamentos específicos às suas atividades.
e. Ser fornecedor preferencial para os clientes da carteira.

5.5 Finanças

f. Sobreviver mantendo, no mínimo, o faturamento atual.
g. Prosperar na indústria.

5.6 Inovação e conhecimento

h. Investir em tecnologia para desenvolver os produtos.
i. Seguir rigorosamente o *Time-to-market* para novos produtos.

6. Atividade do grupo

O presidente formou a equipe "aperfeiçoamento de processos" e Balanced Scorecard (BSC) para fazer um levantamento preliminar desses processos e de suas relações com a Educação Brasil de forma geral, entregando o estudo de métricas que deverão ser atingidas. Você tem duas horas para elaborar o trabalho e entregar o produto acabado para avaliação da administração.

Seu grupo tem de decidir se deve acreditar apenas em um grupo de métricas (significando a exclusão das outras) e como se deve trabalhar para atender à declaração do presidente ao abrir a reunião.

Seu grupo deve executar as tarefas descritas a seguir:

6.1 Tarefa 1

Usando o "Sumário de Funções", montar a cadeia de valor da Brasil.

6.2 Tarefa 2

Usando o "sumário de funções" e o esboço do Mapa de Relacionamentos, desenvolva um Mapa de Relacionamentos da Brasil. Use o desenho da última página.

Dicas:

- Seu mapa deve mostrar como a empresa "é" (como a Brasil está operando atualmente). Rotule todas as setas de entrada/saída
- Não se preocupe se não tiver certeza de todas as interfaces. Registre o que for possível detectar. Faça um mapa inicial num alto nível. Se sentir necessidade de maior refinamento, refaça-o.
- Não se preocupe se o mapa não ficar bonito.

6.3 Tarefa 3

A partir do fluxo de atendimento de um pedido, identificado na Tarefa 3, e do memorando datado de 10 de fevereiro, identifique:

DESCONEXÕES NO PROCESSO DE ATENDIMENTO DO PEDIDO	AÇÕES PARA SUPERAR AS DESCONEXÕES
1	1
2	2
3	3
4	4

6.4 Tarefa 4

A partir do fluxo de processo de desenvolvimento de produto, identificado na Tarefa 3, e do memorando datado de 16 de fevereiro, identifique:

DESCONEXÕES NO PROCESSO DE INTRO DE NOVOS PEDIDOS	AÇÕES PARA SUPERAR AS DESCONEXÕES
1	1
2	2
3	3
4	4

6.5 Tarefa 5

A partir das desconexões levantadas é possível eliminar alguns/todos os pontos fracos analisados? Como deverá ficar o mapa de relacionamentos da Brasil depois dessas alterações?

7. Sumário das funções

7.1 Desenvolvimento de produtos

Desenvolve novos produtos em resposta às solicitações ou especificações desenvolvidas pela função de Marketing. O conteúdo e o layout do novo produto são encaminhados para a Produção para impressão e despacho. O suporte de vendas do produto (materiais de venda e treinamento) é suprido pela Operações de Campo e pelo Marketing.

7.2 Marketing

Desenvolve e distribui o material de promoção para o mercado. Gera ideias e especificações de novos produtos para Desenvolvimento de Produtos.

7.3 Produção

Imprime e despacha os materiais de treinamento para os clientes. Os pedidos são recebidos pela Produção, vindos de Finanças. A Produção faz sua programação baseada numa previsão de produção que recebe de Finanças. O papel de impressão vem de fornecedores externos.

7.4 Finanças

Recebe os pedidos de Operações de Campo e os encaminha para a Produção. Emite as duplicatas e recebe os pagamentos. Recebe as previsões de vendas da Operações de Campo e converte em previsões de produção para a Produção. Providencia a obtenção de capital para as operações da Brasil, quando necessário.

7.5 Operações de campo

Recebe as tendências de vendas do mercado. Também recebe os pedidos dos clientes e gera os pedidos de vendas, que são encaminhados para Finanças. Provê o apoio técnico para os clientes, incluindo o treinamento dos instrutores.

Memorando

Data: 10 de fevereiro
Para: Presidente da Brasil
De: Vice-Presidente de Produção
Assunto: REUNIÃO DE CUSTOS DA PRODUÇÃO

Conforme discutido em nossa reunião da semana passada, nossas principais preocupações quanto aos custos são as seguintes:

a. Custo do produto: vem aumentando constantemente ao longo do tempo, mas com taxa inferior à taxa de aumento dos custos do papel e dos fretes. Na verdade, a participação da mão de obra no custo total vem diminuindo ao longo dos últimos cinco anos, em razão da automação e da reorganização do trabalho.
b. Todavia, uma importante área de aperfeiçoamento está na concepção básica dos novos cursos (e revisão dos cursos antigos), no sentido de baratear sua fabricação. Nosso novo curso P104 é um bom exemplo. Se a produção tivesse sido envolvida no projeto do curso (no que tange à apresentação, não no que diz respeito ao conteúdo), seu custo poderia ser 25% a 30% menor.
c. Custos de manuseio do produto: o problema está no fato de a equipe de vendas não respeitar nossos prazos de entrega (normalmente precisamos de 30 dias e frequentemente eles nos dão de cinco a dez dias). Com frequência cada vez maior, eles nos solicitam produtos mistos (por exemplo, dez cursos P100 e dez cursos P101), o que está abaixo de nosso pedido padrão de 20 unidades). Em alguns casos, o pessoal de vendas quer partes do P101 e parte do P104, combinadas. Tudo isto resulta em manuseio especial mais despachos expressos via aérea, em vez de frete por caminhão ou trem. Esse fato, isoladamente, está aumentando continuamente os custos.
d. Custo do inventário: como é de seu conhecimento, nossos custos de inventário estão altos em razão do grande volume de produtos cuja venda prevista nos últimos anos não ocorreu. A previsão total de unidades foi correta, mas o "mi" de vendas ficou muito fora. Apesar disso, conseguimos reduzir consideravelmente nossos custos de inventário, mantendo nossos novos estoques aos menores níveis praticáveis e procurando imprimir os novos pedidos à medida que eles chegam. Em consequência, em muitos casos, nosso prazo de entrega aumentou de dez dias para três ou quatro semanas.

Memorando

Data: 16 de fevereiro

Para: Presidente da Brasil

De: Vice-Presidente – Desenvolvimento de Produtos

Assunto: DESEMPENHO DE VENDAS DO P104

Estou muito preocupado com o fraco desempenho de vendas de lançamento do P104. Com relação a isso, existem três fatos que, acredito, devem ser discutidos na próxima reunião.

I. A falta de respostas/subsídios da equipe de vendas quanto aos novos produtos. Prudentemente, solicitamos informações (tanto técnicas quanto comerciais), sobre as necessidades e concepção do P104. O número de respostas foi praticamente zero.

II. A equipe de suporte técnico recebeu muito pouco treinamento sobre como apoiar esse novo produto, que é muito diferente de nossos cursos básicos tradicionais (P100 - P102). Isso ocorreu em razão do orçamento de treinamento ter sofrido cortes drásticos no período que antecedeu ao lançamento. Parece que isso ocorre todas as vezes que lançamos um novo produto.

III. O Departamento de Marketing tem sido muito pouco solicitado no que se refere a testes de campo, lançamento e apoio a este novo produto. Temos pessoas muito capazes no Marketing, que poderiam ser de grande valia, mas que não estão sendo utilizadas adequadamente pela organização e, principalmente, pela Operações de campo.

Em que pese todos esses problemas, quero novamente ressaltar que o desenvolvimento de Produtos atingiu seu objetivo de ter o produto desenvolvido e pronto para a Produção dentro do prazo de três meses.

c.c. Administração

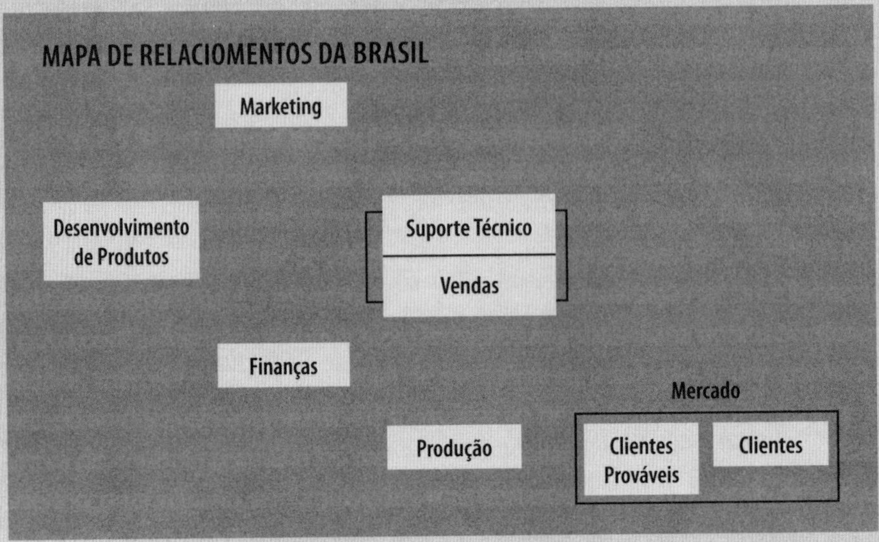
MAPA DE RELACIOMENTOS DA BRASIL
Marketing
Desenvolvimento de Produtos
Suporte Técnico
Vendas
Finanças
Mercado
Produção
Clientes Prováveis
Clientes

5

VISÃO, MISSÃO, VALORES, OBJETIVOS E METAS

Objetivos do capítulo

Com o estudo deste capítulo, você será capaz de:

- compreender a importância de envolver diversos níveis organizacionais na definição de visão, missão, objetivos e metas organizacionais;
- entender a retirada momentânea de gestores de seu ambiente de trabalho para discutir os conceitos acima e a forma de aplicá-los ao negócio;
- avaliar a intensa discussão e os impactos das escolhas estratégicas na vida organizacional para o longo prazo;
- entender melhor os grupos de gestores, como trabalham em equipe e como atuam para definir o futuro da organização;
- transformar esta etapa do projeto de gerenciamento estratégico em um conjunto de atividades a serem desenvolvidas pelos gestores e pela equipe de projeto e os produtos acabados esperados.

5.1 Introdução

Como os gestores já sabem "onde está a organização", devem responder a uma nova pergunta-problema que se identifica com os aspectos qualitativos e quantitativos do processo de planejamento estratégico: "Para onde a organização irá?".

Com o estudo do ambiente externo e do estudo do ambiente interno, a organização possui dados e informações para orientar seu futuro e definir ou redefinir visão e missão com os gestores. Os grupos de interesse passam a conhecer muito melhor uma organização com a qual se relacionam se tiverem conhecimento prévio da visão, missão e valores dela. O cidadão comum, ao se relacionar com qualquer organização, também pode se beneficiar da leitura e interpretação da visão, missão e valores organizacionais ao chegar no *lobby* procurando um executivo para uma entrevista ou negociação.

A condução de um workshop estratégico é atividade importantíssima do desenvolvimento de um plano estratégico de negócios. É durante a realização do workshop que os executivos de diferentes níveis hierárquicos procuram chegar ao consenso sobre o que a organização em que trabalham é, o que procura atingir ou realizar e a quem procura servir. São os mesmos executivos que terão sob sua responsabilidade o desenvolvimento de projetos que a organização irá desenvolver em sintonia com visão e missão, objetivos e metas.

Vale destacar que nos Capítulos 5 e 6 do livro se sugere, como parte do processo de elaboração de um plano estratégico, que gestores se reúnam por alguns dias fora do ambiente de trabalho e discutam visão, missão, objetivos, metas e estratégias, com consenso, para alterar processos, tecnologias, pessoas, cultura, e indicar o caminho a trilhar para o futuro.

O processo de condução do workshop estratégico em local fora da organização deve ser iterativo, democrático, de forma que, a cada nova ideia aceita pelos participantes, possa o próprio grupo alterar visão, missão e objetivos e as próprias estratégias. É durante a condução do workshop estratégico que os gestores organizacionais tratam de obter o consenso quanto à visão, missão, objetivos e metas, com base em análises do ambiente externo e interno (Análise SWOT). Este capítulo do livro – Capítulo 5 – detalha esta fase do workshop.

Durante a condução do workshop estratégico os gestores organizacionais trabalharão as opções estratégicas e determinarão as estratégias que a organização adotará. A definição de estratégias causará forte impacto organizacional já que definirá projetos, prazos para implantação e recursos humanos e materiais necessários para a implantação dos projetos que mudarão a face da organização.

5.2 Conceitos importantes a serem discutidos no workshop estratégico

O exercício sistemático e contínuo de planejamento tem como objetivo reduzir a incerteza envolvida no processo decisório e, consequentemente, aumentar a probabilidade de alcance dos objetivos estabelecidos para a organização. "Para dirigir bem o desenvolvimento de uma empresa e beneficiar-se plenamente dele é necessário planejar. É necessário identificar como a empresa está agora, onde se quer que ela chegue no futuro e, então, decidir como fazê-la chegar lá".[1]

O processo de planejamento estratégico já desenvolveu a análise SWOT em etapa anterior. Agora, com direcionamento gerencial, os executivos devem se reunir em grupo num workshop estratégico, reafirmar conceitos e definir caminhos a seguir pela organização. Mas é fundamental uma reunião de preparação com o presidente (CEO) e os principais gestores para análise dos conceitos que serão apresentados e discutidos no workshop. Os principais conceitos, fechados inicialmente com o CEO e

1 SHEEDY, E. *Guia do empreendedor para fazer a empresa crescer*. São Paulo: Nobel, 1996.

os diretores e que agora são encaminhados para serem definidos/redefinidos durante o workshop estratégico estão apresentados na Figura 5.1.

Figura 5.1 Principais conceitos discutidos no workshop estratégico

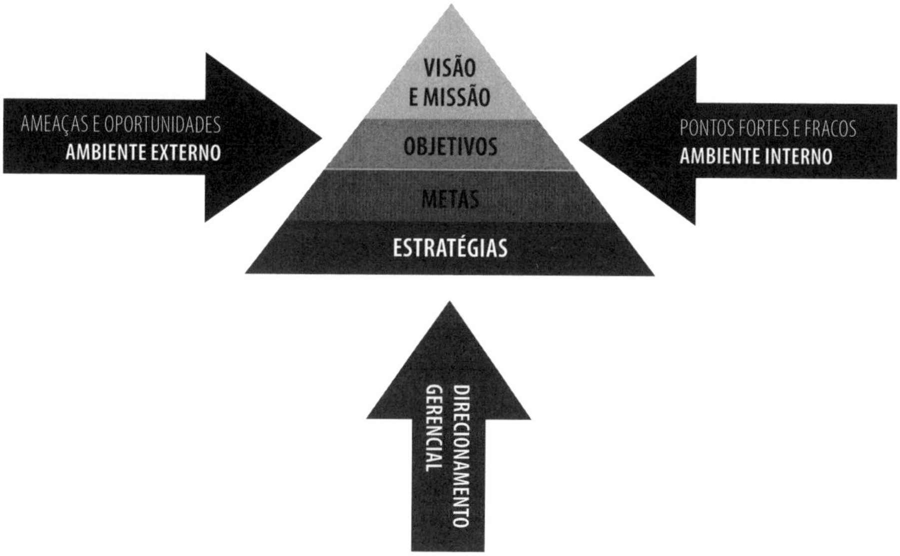

5.2.1 Princípios

Princípios, também conhecidos como princípios-guia, devem ser desenvolvidos pelos executivos participantes do workshop e devem reconhecer que pessoas, comunidades (equipes, departamentos) e organizações têm seu conjunto próprio de princípios. Mas, ao desenvolver princípios organizacionais, os executivos têm de se lembrar de que todos trabalham para satisfazer necessidades pessoais. Ao levar isso em consideração, os envolvidos aumentam a possibilidade de que tais princípios possam desencadear energia dentro e fora da organização.

Os princípios-guia operam em dois níveis:

- Os de direção e de inspiração: orientam as declarações de visão e de missão organizacional;
- Os de pesquisa e liberação: orientam a definição de valores e de propósitos organizacionais.

Os princípios-guia são eficientes também fora das fronteiras organizacionais. O propósito corporativo pode ajudar a engajar clientes, futuros profissionais e fornecedores ao comunicar "o que significa a organização". Isto é ainda mais importante à medida que recursos críticos são encontrados fora das fronteiras – e, portanto, fora do controle gerencial.

5.2.2 Visão

Imagine que você está se deparando com um quadro na parede em determinado ambiente que esteja visitando. Obra de artista que ali retratou aquilo o que ele entendia que a obra deveria representar, as mensagens a transmitir para quem vê e analisa o quadro, onde o quadro *toca* aquele grupo particular de apreciadores, como enaltece sentimentos e apoia na geração de novas ideias. Assim é que se pode traduzir o que é a declaração da visão organizacional: um quadro pintado por um ou alguns artistas indicando o que a organização deseja ser, e em termos genéricos, o que pretende atingir.

Segundo Ireland *et al*,[2] a declaração de visão articula a descrição ideal de uma determinada organização e dá forma ao futuro que pretende para si. Em outras palavras, é a declaração da visão que aponta a direção a seguir nos próximos anos. Tente analisar a visão de sua organização e perceba nela *o quadro que foi pintado*, entender a paixão que existiu e existe para ajudar as pessoas a sentirem qual papel desempenham na sua organização. E as pessoas sentem isso quando a declaração de visão é simples, positiva, transmitindo emoção. Uma boa declaração de visão desafia as pessoas e as impulsiona para entender melhor qual será o futuro delas.

Além disso, o conceito de visão deve refletir valores e aspirações da organização, deve tocar corações e mentes de colaboradores e de grupos de interesse, que, de alguma forma, envolvem-se com a organização.

Há sempre alguma confusão ao se tratar de visão, pois muitos não a conseguem diferenciar da missão. A visão de uma organização tende a ter vida longa, a durar no tempo, e a missão, discutida adiante, pode mudar de acordo com as condições externas e internas que a afetarem.

Será sempre o presidente da organização que baterá o martelo na declaração da visão apresentada, analisada e finalizada com os demais executivos organizacionais. Por isso, o melhor momento e local para a discussão da visão é na etapa de workshop estratégico ao desenvolver o plano de negócios para mais um ciclo. O envolvimento dos demais gestores é crítico, pois a declaração final da visão organizacional deverá estar atrelada às análises externas e internas recém-finalizadas.

2 IRELAND, R. D. ; HOSKISSON, R. E. ; HITT, M. A. *The management of strategy*: concepts and cases. 8. ed. UK: South-Western Cengage Learning, 2009.

E as decisões e ações tomadas pelos gestores organizacionais devem ser consistentes com a visão definida.

5.2.3 Missão

A visão é a base para a definição da declaração da missão organizacional. Missão é a definição de princípios orientadores que guiam o conjunto total de ações adotadas na organização e que definirão a direção para seu movimento, como um todo.

É na missão que os gestores especificam o(s) negócio(s) no(s) qual(is) a organização deseja estar presente, deseja participar e deseja concorrer para atender os clientes. A missão organizacional é mais concreta que a visão organizacional, cria a individualidade organizacional por tratar de produtos, mercados, formas de distribuição, preços, mas deve ser inspiradora para todos os grupos de interesse sintonizados com o negócio.

Da visão e missão organizacionais, análise de ambientes internos e externos os gestores encontram as bases para definir estratégias organizacionais e implementar projetos derivados das estratégias aprovadas.

A formulação da missão organizacional é mais efetiva quando colaboradores têm forte senso de padrões éticos que orientam seus comportamentos e atividades, que guiam a organização na consecução de sua visão. A ética nos negócios é fundamental para decidir o que a organização deseja ser (visão), bem como a quem vai atender e como deseja atender tais indivíduos e grupos (missão).

Repete-se para missão a mesma discussão feita para visão: será o presidente da organização que 'baterá o martelo' na declaração da missão apresentada, analisada e finalizada com os demais gestores organizacionais. O melhor momento e local para a discussão da missão também é na etapa de workshop estratégico ao desenvolver o plano de negócios para mais um ciclo de negócios. O envolvimento dos demais gestores é crítico, pois a declaração final da missão organizacional deverá estar atrelada à visão, às análises externas e internas recém-finalizadas, a clientes e produtos. E as decisões e ações tomadas pelos gestores organizacionais na perseguição das estratégias devem ser consistentes com a missão definida pelos próprios gestores.

Visão e missão definidas têm efeito positivo no desempenho organizacional, como o aumento de vendas, lucros, empregos e valor agregado. Lucros satisfazem os grupos de interesse. Caso uma organização não tenha visão e missão definidas, a probabilidade de não atingir resultados satisfatórios é maior que aquelas que têm clareza em suas declarações de visão e missão.

5.2.4 Objetivos, metas, estratégias

Objetivos podem ser definidos como intenções gerenciais com vistas a perseguir e atingir a missão. Os objetivos de curto prazo são aqueles que poderão ser medidos rapidamente. Outros objetivos devem ter seus resultados acompanhados por período mais longo. Podem corresponder a aspectos relacionados com integrações nos negócios, parcerias ou ao próprio crescimento da organização. São os objetivos de longo prazo. Os objetivos são, geralmente, associados com o posicionamento competitivo e devem considerar o nível de maturidade organizacional.

Metas são definidas em frase específica que quantifica objetivos organizacionais, apresentam prazos e números a atingir sendo, portanto, mensuráveis e controláveis. Uma vez atingidas as metas e seus números, eles asseguram o sucesso estratégico ao gerar valor econômico suficiente para a organização permanecer uma entidade de negócios desejável (em comparação com o que os investidores atingiriam se aplicassem seu capital em outro negócio). As metas, em geral, apresentam tempo e valores. Exemplo:

- Tempo ("Em 20xx, seremos...").
- Metas financeiras ("Retorno de 20% anuais para os acionistas").

Estratégia é o conjunto de compromissos e ações, integrados e coordenados, desenhados para explorar competências centrais e ganhar vantagem competitiva. Os três graus de mudança provocados pela adoção de uma estratégia são a incremental, substancial, transformacional e de ruptura. A Figura 5.2 exemplifica os conceitos referentes a estratégias a serem discutidas no workshop estratégico.

Figura 5.2 Tipos de estratégias a serem adotadas

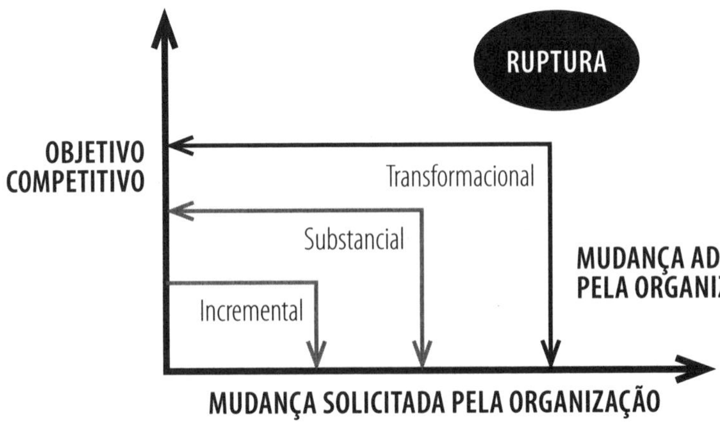

Uma estratégia de mudança incremental envolve bloqueios melhorados. Estratégias de mudanças substanciais ou substantivas envolvem um novo jogo, talvez com novos jogadores. Estratégia de mudança transformacional redefine o jogo ou da organização ou da própria indústria na qual a organização compete. Uma estratégia de ruptura ocorre quando a organização ganha ao mudar as regras de atuação na indústria na qual compete, rompendo com a paridade competitiva para capturar e sustentar uma vantagem e com isso é premiada pelo aumento desproporcional no valor que sustenta. No Capítulo 6, a estratégia e seus diferentes impactos serão analisados em detalhes.

5.2.5 Desempenho classe mundial

Trata-se de outro conceito importantes a ser discutido pelos executivos durante o workshop. O sucesso das organizações pode ser entendido em termos de quatro disciplinas de valor, como mostra a Figura 5.3:

- Excelência operacional: desenvolver produtos e serviços com qualidade reconhecida e preço competitivo;
- Reconhecimento da marca: criar percepção de excelência nos clientes de forma a que paguem preço *premium*;
- Liderança em produtos e serviços: criar produtos e serviços que se tornem padrões em sua categoria;
- Conhecimento do cliente: entender necessidades individuais dos clientes para criar soluções ideais.

Figura 5.3 Disciplinas de valor

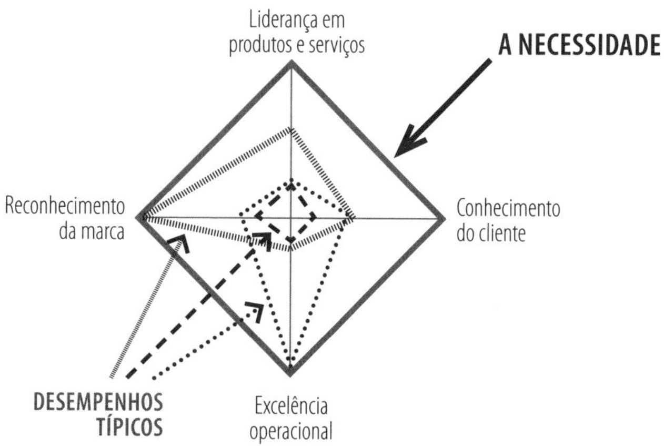

Fonte: adaptado de GARTNER GROUP.

As organizações classe mundial exigem excelente desempenho, ou seja, desempenho classe mundial em todas as disciplinas mencionadas. Isso é caro e difícil de ser mantido ao longo do tempo. E as organizações não podem ser tudo para todos, pois com isso tenderão a pressionar muito os recursos. Como as economias flutuam muito e as pressões sobre preços são muito prováveis de ocorrer, a seleção de várias disciplinas pode levar a organização a ter desempenho financeiro questionável. Mas a decisão dos gestores sobre a seleção de determinada disciplina de valor em um ciclo de planejamento estratégico, por exemplo, excelência operacional, não significa que a organização tenha ignorado as outras três dimensões. Ao contrário, a escolha de quão boa a organização deva ser dependerá dos desafios competitivos da indústria. Frequentemente as organizações entendem ser necessário ter capacitações que acompanhem *a média da indústria* nas outras dimensões não consideradas foco no ciclo em desenvolvimento.

No entanto, as organizações mais bem-sucedidas focam em apenas uma das disciplinas da Figura 5.1 e buscam obter excelência nessa disciplina selecionada. Não se trata de falha de gerenciamento, mas consequência de processos diferentes e incompatíveis, além de valores e cultura necessários para suportar tais disciplinas. Os resultados e custos de adoção dessa disciplina deverão se refletir em quatro dimensões principais:

- Impacto financeiro;
- Impacto nos clientes;
- Impacto nas capacitações;
- Impactos nos demais recursos organizacionais

Está claro, porém, que os clientes irão sempre requerer excelência em todas as disciplinas. As organizações só poderão entregar produtos e serviços classe mundial se estiverem preparadas para usar as diferentes capacitações organizacionais em diferentes disciplinas de valor.

5.2.6 Marcas, relacionamentos, capital intelectual: ativo intangível se tornando fonte importante de valor organizacional

Tópico importante – ativo intangível – desenvolvido na análise do ambiente interno deve ser trazido para discussão entre os gestores na definição de objetivos e metas durante a realização do workshop estratégico.

O que ocorria no passado eram organizações que se definiam em termos de seus ativos físicos. As manufaturas ou operadores de serviço de transporte são, ainda hoje, exemplos típicos da importância dada ao ativo fixo empresarial. No entanto, os ativos intangíveis estão se tornando cada vez mais importantes, passando a representar aumento no valor de mercado da organização. As formas principais de ativo intangível – marcas, capital intelectual e relacionamentos – refletem três das quatro disciplinas de valor apresentadas na Figura 5.3. E, embora menos óbvio, capital intelectual está se tornando vital para a efetiva exploração dos ativos físicos.

Os ciclos econômicos aumentam a necessidade de se focar em ativos intangíveis. Alguns desses ativos existem apenas na cabeça dos colaboradores. Se os ciclos econômicos criarem redundâncias, tais ativos desaparecem definitivamente da organização. O aumento da importância do capital intelectual faz com que as empresas deem mais atenção ao seu gerenciamento; isso exige deles menos atenção a outras coisas.

5.2.7 A organização interconectada, na cadeia de valor da indústria, é uma especialista diferente

Tópico importante – virtualização – desenvolvido na análise do ambiente externo e interno deve ser trazido para discussão entre os gestores na definição de objetivos e metas durante a realização do workshop estratégico.

Um ecossistema organizacional bem desenhado na cadeia de valor da indústria de atuação permite que uma organização se virtualize, afastando-se da integração vertical e se orientando na direção de parcerias fortes na sua comunidade de negócios.

A organização virtual tem foco em sua competência central, tal como desenho e comunicação, ao mesmo tempo em que terceiriza algumas funções de apoio, como apresentado na Figura 5.4. O que se espera é que a organização se beneficie desse foco renovado em suas competências centrais – esse assunto foi discutido na análise do ambiente interno.

Figura 5.4 Foco em competências centrais

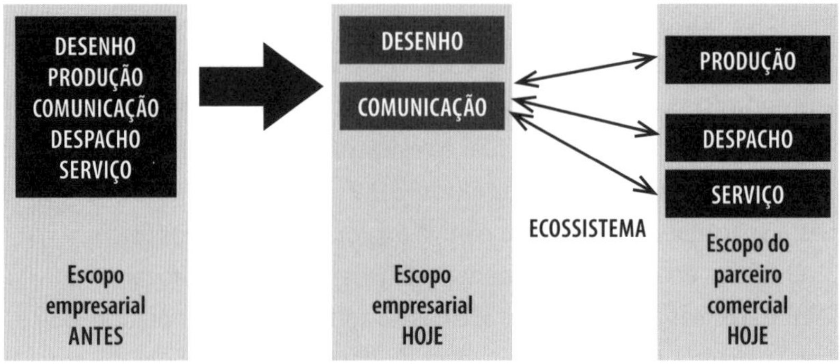

Os ecossistemas estão crescendo em importância por duas razões:

- Oferecem à organização flexibilidade por se suportar em parceiros;
- A internet oferece o potencial para ter troca robusta de informação para fortalecer o ecossistema.

A empresa virtual ganha flexibilidade na produção, velocidade de atendimento do mercado e satisfação do cliente.

5.3 A condução do workshop estratégico – Determinação da visão, missão, valores, objetivos e metas

A etapa de workshop estratégico segue-se à etapa de diagnóstico organizacional do projeto de planejamento estratégico, leva em consideração os conceitos fundamentais apresentados neste capítulo e os resultados da análise SWOT, como mostra a Figura 5.5.

A primeira fase do workshop estratégico refere-se à determinação da visão, missão, objetivos e metas e a intenção estratégica, nessa sequência. A segunda fase, que será analisada no Capítulo 6, definirá as estratégias organizacionais.

As principais características da fase do workshop estratégico são:

1. Orientação prévia da alta administração quanto a visão, valores, missão, objetivos, metas e estratégias: os demais executivos estruturem as declarações de visão e valores e missão organizacionais, definam objetivos e metas a serem perseguidos durante a vigência do novo planejamento estratégico com base em intenções estratégicas, que originarão as

estratégias organizacionais. Os dados coletados na análise externa e na análise interna subsidiarão as decisões tomadas durante o workshop, que deverão ajudar a promover a competitividade estratégica, obtenção de vantagens competitivas e retorno acima da média.

2. Iteratividade, já que os executivos envolvidos desejam melhorar sempre aquilo que foi trazido para discussão. A iteratividade na discussão de conceitos é positiva, pois representa o futuro da organização e das pessoas. Mas os condutores do workshop devem estar atentos a possíveis desvios e agir proativamente quando notarem incrementos pífios no valor dos conteúdos em discussão, mas um aumento enorme no tempo de discussão dos conceitos em pauta.
3. Uso de tecnologia da informação para dirigir o processo do workshop, capturar detalhes das atividades, aspectos fundamentais das discussões e apresentação dos resultados ao final. As sugestões dos grupos devem ser capturadas e apresentadas a todos e as impressões dos rascunhos dos trabalhos deverão estar disponíveis a todos que solicitarem. O operador do computador deve ser profissional com amplo domínio de ferramentas tecnológicas e com conhecimentos do que é planejamento estratégico.

Figura 5.5 Processo de gestão estratégica – Workshop estratégico – visão, missão, objetivos e metas

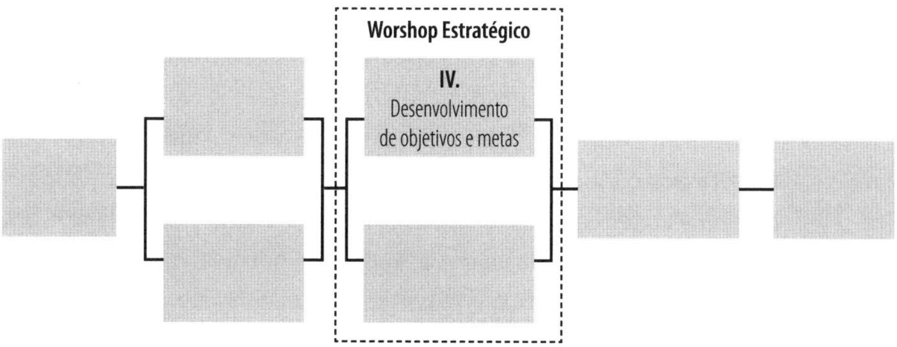

5.3.1 Condução do workshop

O planejamento e preparação cuidadosos dessa tarefa são vitais para o sucesso do plano estratégico de negócios. Ao iniciar o workshop, os profissionais que o conduzem devem explicar detalhadamente etapas, fases e atividades que serão desenvolvidas, o que já foi feito e obtido em etapas e fases anteriores e os possíveis impactos das etapas e fases anteriores na etapa atual de workshop. Espera-se que melhores resultados ocorram se os executivos trabalharem em grupos, com liderança definida, permitindo ampla forma de expressão e liberdade para os participantes.

Encontros prévios com o CEO e outros diretores fazem parte do período preparatório para o workshop. Tais encontros objetivam definir princípios organizacionais, visão, missão, objetivos, metas, estratégias desses executivos para a organização, as implicações que tais definições trarão aos grupos de interesse e o provável "preço" que a organização irá pagar pela manutenção ou adoção de nova orientação estratégica. Material prévio contendo todos os resultados desses encontros com o CEO e diretores deverá ser enviado aos participantes como preparatório para o período de workshop, com as devidas explicações. Inicia-se assim a condução do workshop.

5.3.2 Os princípios organizacionais a serem seguidos

O desenvolvimento do workshop orienta-se pelos princípios-guia norteadores das atividades, que deverão ser apresentados e discutidos ao início do workshop e iterativamente adaptados às situações que forem sendo criadas. Exemplos de princípios:

- Foco no curto prazo: o princípio beneficia ações de curto prazo, mas dá abertura para se interpretar novas oportunidades;
- Direcional: trata-se de um princípio vinculado à visão organizacional. O princípio fornece a lógica pela qual colaboradores podem avaliar suas iniciativas e, ao mesmo tempo, permite que se alinhem diversos elementos organizacionais para atingir objetivos e metas;
- Consistência: esse princípio se vincula à visão e aos valores organizacionais e fornece as bases para alocação consistente de recursos;
- Inspiração: esse princípio se vincula à visão e aos valores organizacionais. Fornece aos colaboradores o entendimento do valor para que entrem na batalha estratégica que a organização deseja iniciar – dá as razões pelas quais as pessoas irão batalhar. A aplicação do princípio deve reduzir ambiguidade, exige criatividade e experiência para enfrentar os desafios organizacionais e sair da "zona de conforto" em que a organização se encontra.

5.3.3 Estruturação da visão pelos executivos participantes

O primeiro produto do workshop estratégico é o desenvolvimento da visão organizacional. A visão deve emocionar e inspirar a organização, bem como direcioná-la tanto externa, como internamente; o propósito e os valores da organização devem brilhar por muito tempo.

A estruturação da visão no workshop estratégico passa pelas respostas dos executivos às seguintes questões:

- Qual é a visão estratégica atual? É inspiradora?
- Como a visão organizacional vem evoluindo ao longo dos anos? De décadas?
- Ideias quanto à visão diferem entre os executivos? Eles discutem isso?
- Há consistência entre a visão estratégica existente e o *status* atual dos negócios? Foi construída com capacitações diferentes?
- Qual é a fonte do pensamento atual para a visão organizacional?
- Qual é o entendimento do CEO quanto à visão de futuro para a organização?
- Quais são as implicações esperadas para grupos de interesse envolvidos com a organização?
- Qual deve ser o "preço" que a organização e as pessoas irão pagar se permanecer a mesma visão ou se a mudança de visão ocorrer?

Para estimular o pensamento e as discussões entre os membros das equipes, os condutores do workshop estratégico podem fornecer exemplos de frases de visão estratégica definidas por organizações bem-sucedidas e, com isso, obter a concordância para a criação de uma nova visão organizacional.

Após esta discussão preliminar, a equipe que conduz o workshop deve avaliar a posição atual da organização e o *status* de qualquer desenvolvimento de visão já iniciado. Deve-se considerar se esta avaliação irá determinar a importância da visão no contexto das necessidades de mudanças. Com base no resultado desse trabalho preparatório, um processo específico para definir a visão para a organização deve ser desenhado pelos executivos participantes do workshop. Os resultados dessa tarefa incluem:

- Desenho conjunto dos principais pontos levantados, incluindo os *drivers* que suportam a necessidade da mudança, cenários externos, competências existentes e uma avaliação dos registros de implementação de mudanças;
- Pontos que destaquem a coerência, força e relevância da visão atual;
- Ideia da visão do CEO, implicações em grupos de interesse, mudanças no pessoal e organizacional necessária.

Desenvolvimento da visão

Há inúmeros enfoques para se construir ou renovar a visão. O processo principal inclui a busca de ideias, o seu desenvolvimento em temas, finalização de todas as dimensões e teste de robustez do produto final. Daí a importância da discussão inicial reportada acima.

A visão pessoal do CEO pode dar um sinal em termos de um "grito de guerra", um sonho aspirado, uma frase de valor ou uma nova ideia de produção ou prestação de serviços. Os resultados da estruturação da visão irão fornecer fontes adicionais de ideias e inspiração.

Dependendo do ponto de partida da organização, pode haver a necessidade de atividades de *coaching*, *mentoring* e *teambuilding* com o grupo responsável pela visão. "Ser responsável por mudar" inclui importantes *insights* e técnicas para suportar esse processo. Em algumas organizações, o repensar radical da visão pode ser desafiador e ameaçador para o grupo envolvido. O estabelecimento de algumas "cláusulas emocionais imutáveis" no início do processo ajuda a diminuir o medo e auxilia no desencadeamento de maior criatividade no processo de visão. Os tipos alternativos de atividades sobre a definição da visão podem ser:

- **Conferência formal sobre a visão organizacional**

  Apresentações e sessões intermediárias de avaliação – *breakout sessions* – e o uso de apresentações, grupos e sessões plenárias para se construir a visão e ter concordância sobre como ir adiante. Todos os executivos do workshop vão definir a visão. Os grupos de trabalho devem trabalhar em fatores críticos de sucesso, capacitações principais, intenção estratégica, impedimentos e recursos.
- **Desenvolvimento de uma visão "inspiracional e direcional"**

  Imagineering é atividade que envolve o escape dos padrões atuais imaginando e fazendo perguntas sobre o estado futuro desejado, sem restrições. A "viagem de volta" envolve a identificação de todas as mudanças que se farão necessárias para que o estado futuro seja possível. A "conferência sobre a viagem" envolve a captura e a descrição de um estado futuro que seja vívido, simples, motivador juntamente com os critérios a serem usados para se acompanhar o progresso.
- **Desenvolvimento de uma visão "liberal e questionadora"**

  Um ou mais workshops organizados em uma série de sessões *revealing*, *the acid test*, e o "engenho e arte". *Revealing* é processo de identificação dos valores principais e do propósito da organização. *The acid test* avalia se os valores e propósitos identificados são mesmo os principais, questionando se eles permanecerão relevantes nos próximos cinco a dez anos, descobrindo se os executivos os tomarão para si, e investigando se eles são reais ou desejados. O processo de "engenho e arte" é conduzido para se produzir a formulação dos valores, crenças e propósitos que seja vivido, seja simples e claro e a série de critérios usados para acompanhar o progresso.

Os elementos de cada um dos processos podem ser claramente combinados durante o workshop. Qualquer que seja a natureza do evento, para se assegurar que o tempo está sendo bem gasto a equipe pode querer circular material preparatório para os participantes antecipadamente.

Os eventos devem ser desenhados para construir e manter os níveis de energia. Todos os resultados das sessões-chave devem ser documentados integralmente. Pode ser necessária a condução de mais de um evento para se desenvolver uma visão completamente articulada. É provável que haja a necessidade de se reunir, pesquisar e reformatar os resultados da visão entre os eventos de integração.

Quando a visão estratégica ou de negócio estiver desenvolvida, as atividades devem se focar na criação da mudança de visão e desenvolvimento da liderança das mudanças. Há diferenças entre uma visão estratégica ou de negócios e a mudança da visão que pode ganhar o compromisso dos colaboradores. Para iniciar a solução desse *gap*, duas perguntas-chave se fazem necessárias:

- Qual é a história convincente que pode dar energia para as pessoas mudarem?
- Qual é o escopo total das mudanças necessárias – "o que tem aí para mim"?

5.3.4 Reavaliação dos valores organizacionais

O workshop é momento importante para reafirmar ou revelar valores organizacionais que são a "cola" que mantém a organização unida nesse momento em que os executivos estão criando seu futuro. Os valores organizacionais:

- Devem definir o que a organização é;
- Não devem se alterar em resposta a mudanças no mercado;
- Devem refletir valores que são praticados, não aqueles que se gostaria de praticar;
- Têm o papel de guiar e inspirar, não o de diferenciar;
- Devem ser vivenciados no dia a dia com autenticidade, disciplina e consistência;
- Devem ser poucos: a organização não deve ter mais do que três a cinco;
- Guiam as pessoas para trabalharem sozinhas, na ausência de uma orientação explícita.

5.3.5 Missão

Definida e declarada a visão do negócio, compete aos executivos trazer a visão para a vida dos negócios, explorando suas implicações (ver Figura 5.6). A visão estratégica serve de base para obter descrição mais detalhada, em palavras, do que serão os negócios em um certo ponto no futuro, surgindo assim a missão organizacional.

Figura 5.6 A missão traz a visão para a vida dos negócios

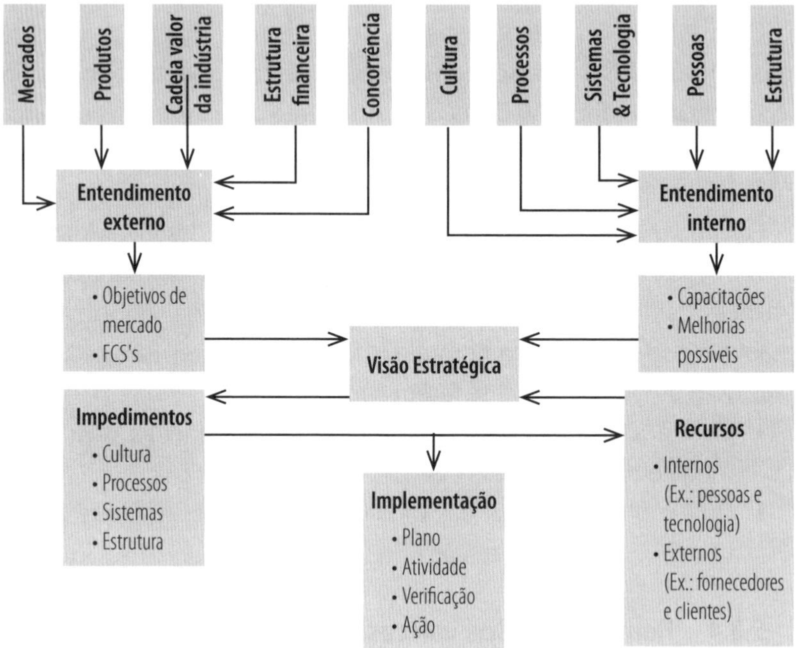

A missão está associada ao conceito de intenção estratégica que leva a definir opções estratégicas – ganhar batalhas competitivas alavancando recursos internos, capacitações e competências centrais. A declaração de missão deve se traduzir em termos de produtos a serem oferecidos e mercados a serem servidos. Além disso, define de forma ampla o negócio em termos de mercados, linhas de produtos, áreas geográficas e canais de distribuição e descreve o propósito do negócio ou seu macro desenho para o futuro, em termos não financeiros. A Figura 5.6 apresenta sucintamente tais ideias.

5.3.6 Estruturação da missão pelos executivos participantes

O segundo produto do workshop estratégico é o desenvolvimento da declaração da missão organizacional. A declaração de missão encadeia dados e informações a respeito de clientes, mercados, produtos, a própria cadeia de valor da indústria, bases da concorrência que, a propósito, são as mesmas fontes de valor para clientes e concorrentes. A missão deve estabelecer fontes reais de diferenciação ao se avaliar as consequências de usá-la. A missão trará vida a clientes e colaboradores somente se o seu detalhamento em objetivos e metas se tornarem elementos centrais para a definição de medidas de desempenho organizacional.

A estruturação da missão no workshop estratégico passa por respostas dos executivos a algumas questões como:

- Quais são as características físicas, controláveis, tangíveis e os atributos da organização?
- Quais são os outros benefícios perceptíveis, embora menos tangíveis?
- Quais valores dos clientes a organização deve procurar atender?
- Quais características de personalidade de negócio a organização precisa dizer que tem?

5.3.7 Objetivos e metas

O terceiro produto do workshop estratégico são os objetivos e metas.

O quadro geral da declaração da visão, adaptado à vida de negócios pela declaração da missão, deve passar a informar por meio de ações gerenciais, prazos e números o que o negócio deverá atingir em certo tempo, no futuro (no horizonte de planejamento da organização). Incluem-se aqui objetivos e metas a ele associados que, ao serem atingidos, asseguram o sucesso estratégico por gerar valor econômico apoiando a permanência da organização como entidade desejável de negócios (em comparação com o que os investidores atingiriam se aplicassem seu capital em outro negócio).

Objetivo é intenção gerencial com vistas a perseguir e atingir a missão organizacional. Meta é representada por frase específica que quantifica o objetivo a que se associa.

Esta atividade do workshop estratégico é um importante elo para o processo de transformação buscado pela organização. Objetivos e metas aparentes, bem como medidas de desempenho associadas podem surgir e serem discutidas a qualquer momento durante o desenvolvimento do plano. E precisam ser explorados durante o workshop tomando-se em consideração a dinâmica de longo prazo e as necessidades dos diferentes grupos de interesse e os resultados implícitos que se obterá deles. Durante o workshop, os objetivos, metas, medidas de desempenho devem ser formalizados para suportar estratégias que são os caminhos a serem seguidos pela organização.

Seguem alguns exemplos de necessidades que devem fazer parte de análises para determinação de objetivos e metas (alguns representados na Figura 5.7).

- **Acionistas:** esperam que o preço estimado das ações que possuem cresça juntamente com as expectativas mercadológicas de crescimento dos dividendos;
- **Clientes:** esperam que um estudo comparativo seja feito com os produtos quanto a preço-performance; os executivos devem avaliar implicações das mudanças futuras para que produtos e serviços permaneçam competitivos e provoquem prazer no uso;
- **Colaboradores:** esperam que as ofertas de oportunidades de carreiras, níveis de remuneração e a natureza do contrato de trabalho possam ser comparados com os de outras organizações e que haja ações que atraiam e retenham o grupo desejado de colaboradores;
- **Objetivos econômicos:**
  - Tempo ("Em 20xx, seremos...").
  - Metas financeiras ("Retorno de 20% anuais para os acionistas").
- **Posicionamento competitivo da organização:**
  - Mercados (segmentação de mercado e metas; metas quanto a *market share*).
  - Produtos (especialmente gerenciamento do ciclo de vida do portfólio e metas de margens).
  - Cadeia de valor da indústria (estratégia do fornecedor; domínios da empresa; estratégia de canais).
  - Estrutura financeira (estratégia de *cash flow*).

Figura 5.7 Os caminhos das estratégias

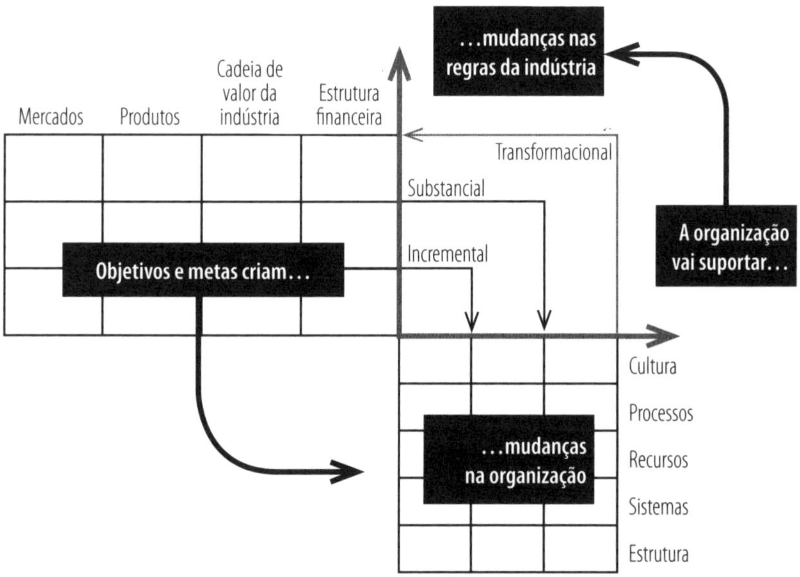

5.3.8 Identificar barreiras aos resultados pretendidos com o workshop

Uma importante barreira decorrente do workshop são os chamados *gaps* comportamentais discutidos e apresentados durante o workshop e decorrentes de mapeamentos organizacionais e dos impactos operacionais que provocam. Importante salientar que as estratégias são trazidas à vida se implementadas. A menos que os executivos entendam as consequências operacionais, tais *gaps* comprometem significativamente a implementação de estratégias. O *gap* comportamental, juntamente com o *gap* nos negócios, irão indicar as mudanças necessárias.

FATOR ANALISADO	SITUAÇÃO ATUAL	SITUAÇÃO FUTURA
Cultura	Levar a queixa para ser tratada em outro lugar	Compartilhar responsabilidade
Prática Gerencial	Concorrer por recursos ser tratada em outro lugar	Prioridade de alocação de recursos com base na importância – seguida por medidas
Liderança	Achar e punir erros	Aprender com a experiência
Desempenho	Baixo desempenho com equipes multidisciplinares	Processos horizontalizados que tragam benefícios quantificáveis

FATOR ANALISADO	SITUAÇÃO ATUAL	SITUAÇÃO FUTURA
Desempenho	Proteção a extrapolação em tempo e em custos	Avisos preventivos são aceitos, avisos posteriores trazem consequências
Necessidades para execução de tarefas	Capacitações gerenciais são pobres	A definir
Sistemas	Medidas de Desempenho e recompensas baseadas nas funcionalidades	Parte da recompensa está associada ao sucesso de outros

Outra importante atividade é a avaliação preliminar das opções estratégicas frente à variedade de fatores quantitativos e qualitativos que maximize o desempenho dos negócios.

Com esta atividade, as necessidades de implantação e retornos associados com as opções estratégicas devem ser identificados e testados frente às condições atuais de capacitações e recursos. Essa análise oferece uma avaliação geral da aderência estratégica à organização e a atratividade da opção estratégica que será melhor discutida na Fase 2 do workshop.

5.4 Desenvolver opções estratégicas

O quarto produto acabado do workshop estratégico são as opções estratégicas, porta de entrada para a estruturação das estratégias finais. Trata-se do início da Fase 2 do workshop estratégico em que são definidas as estratégias.

É nessa atividade que o conhecimento adquirido durante a realização do workshop deve ser considerado como base para a definição de diferentes opções estratégicas. As informações de mercado, concorrência, *gaps* – capacitação e negócios – processos, cultura, devem ser sintetizadas para se avaliar as implicações de cada uma das opções estratégicas. A Figura 5.7 apresenta o modelo a ser seguido. As implicações dos vários níveis de mudança devem ser mapeados durante os trabalhos. Por exemplo:

- O que seria necessário para mudar as regras do jogo/alterar as bases de concorrência na indústria?
- O que seria necessário para se obter uma grande vantagem competitiva?
- O que seria necessário para resolver os *gaps* de custo e de desempenho?

Informações orientadoras referentes a opções estratégicas que forem emanadas pelo conselho, alta administração ou analistas externos devem ser consideradas para a execução dessa atividade, por refletir o que percebem como opções estratégicas-chave para a organização.

5.4.1 Avaliar opções estratégicas frente à realidade e ao futuro almejado

As escolhas estratégicas devem se substanciar ao se estimar os impactos que causarão em:

- Situação financeira (lucro, fluxo de caixa, balanço);
- Clientes (satisfação, proposta de valor);
- Recursos (financeiros, pessoas, técnicos);
- Capacitações (ativos estratégicos e capacitações).

Há inúmeros fatores a considerar, como nível de sofisticação, quantidade de informação disponível, tempo disponível, necessidades dos clientes, orçamento. Mas, como toda estimativa é carregada de incertezas, será necessário mostrar explicitamente tais incertezas.

5.5 O produto acabado do workshop

A duração do workshop é cuidadosamente definida para que os executivos tenham tempo de "dormir sobre os conceitos e decisões" que tomaram durante o workshop.

As declarações de visão, valores e missão, assim como objetivos e metas, intenções estratégicas devem estar imediatamente disponíveis aos executivos para que possam apresentar a seus próprios colaboradores. O produto acabado esperado será um relatório que apresente os tópicos condensados e aqueles que necessitarão apreciação maior na fase subsequente do workshop estratégico.

Resumo

O estudo desse capítulo possibilitará o aumento de conhecimentos relativos à gestão estratégica de negócios e como se definem, em workshop estratégico, os conceitos de visão, missão, valores, objetivos e metas aplicáveis à organização para um ciclo de planejamento estratégico.

Questões para discussão

1. Analise visão, valores e missão da organização em que você trabalha à luz dos esclarecimentos repassados no presente capítulo.
2. Missão influencia a formulação estratégica e as ações de implementação. Abaixo, estão algumas declarações de missão. Solicita-se que você analise a declaração, sugira melhorias e esboce algumas ideias sobre opções estratégicas para cada uma delas.
   - Empresa 1

     O sucesso de uma organização é resultado do esforço combinado de cada indivíduo na organização e que trabalha para atingir objetivos comuns. Esses objetivos devem ser realistas, claramente entendidos por todos na organização e devem refletir o caráter e a personalidade da organização.
   - Empresa 2

     Nossa missão: tornar-se a empresa mais respeitada e valorizada que conecta, informa e entretém pessoas em qualquer lugar, de maneiras inovadoras tais, que enriqueça suas vidas.
3. Esclareça o que são *gaps* de negócios e sua importância na elaboração de objetivos e metas organizacionais.
4. Uma organização deve eleger ao menos uma disciplina de valor a qual se dedicar, ser reconhecida por ela e com ela obter vantagens competitivas sustentadas. Discuta as disciplinas de valor apresentadas no texto e nomeie organizações que adotariam cada uma delas em seu negócio.
5. Organizações privadas definem o lucro como uma métrica importante de desempenho. Analise se o lucro é um objetivo a ser perseguido pelas organizações que desenvolvem planejamento estratégico.

6

ESTRATÉGIA ORGANIZACIONAL

Objetivos do capítulo

Com o estudo deste capítulo, você será capaz de:

- avaliar a importância de envolver diversos níveis organizacionais na definição da estratégia ótima a ser seguida pela organização;
- discutir os conceitos de concorrentes, rivalidade competitiva, comportamento competitivo e dinâmica da concorrência;
- discutir, avaliar e selecionar a melhor estratégia ou o melhor conjunto de estratégias que atendam aos interesses do negócio e dos clientes;
- entender os impactos das escolhas estratégicas na vida da organização;
- compreender a transformação de estratégias em projetos a serem implementados pela organização e no consequente fluxo de caixa associado.

6.1 Introdução

A experiência confirma que não há uma única estratégia que possa ser aplicada a todas as organizações. Não há conserto rápido ao se fazer revisões estratégicas, pois as vantagens estratégicas se originam dos relacionamentos complexos entre o meio ambiente e as escolhas – capacitações estratégicas das organizações.

Ao se desenvolver um processo que reflita variações na organização e no contexto ambiental, as melhores práticas de mercado poderão se consolidar, o que pode determinar um novo processo para elaborar estratégias. As necessidades da organização enfatizam a determinação do processo estratégico correto que possa traduzir pensamentos em ações, iniciado na Fase 1 do workshop e com continuidade na Fase 2. Na Fase 2, os executivos determinarão as estratégias que a organização adotará com base nas opções traçadas na Fase1. As estratégias determinarão o traçado dos caminhos que a organização irá seguir, com projetos definidos e prazos a serem cumpridos.

As características das pessoas envolvidas no workshop e características culturais da organização devem trazer impactos na determinação das estratégias finais selecionadas pelos executivos. As estratégias só serão viáveis se acompanhadas de projetos – aqui analisados como associação de recursos humanos, recursos financeiros, capacidade de gerenciamento, prazos para implementação – que deverão ser consumidos em cada projeto ao longo da implantação.

Outra atividade que precisa ser estruturada e divulgada é a forma de comunicação das estratégias para toda a organização. As informações devem ser transmitidas para todos os níveis organizacionais, com o menor viés possível e, para que a organização possa assegurar apoio necessário para a implantação dos projetos de mudança.

6.2 Conceitos básicos associados com estratégias

6.2.1 Estruturas organizacionais envolvidas em estratégias

Entre a regras preestabelecidas para a segunda fase do workshop estratégico está a definição de qual estrutura organizacional será objeto de análise estratégica:

- Corporação: ao se desenvolver estratégias para a corporação, o foco deverá ser mercados de atuação e diversificação em negócios;
- Empresa: ao se desenvolver estratégias para uma empresa, o foco deverá ser mercados de atuação, produtos e serviços que entrega a clientes;
- Unidade Estratégica de Negócios (UEN): ao se desenvolver estratégias para uma unidade estratégica de negócio, o foco deverá ser produtos/serviços que entrega, processos e tecnologias que utiliza e cultura.

6.2.2 Estratégias e projetos de implementação

As estratégias são compostas de projetos organizacionais de mudanças que deverão ser sequenciados de acordo com alguma lógica organizacional: pré-requisito, risco, prazo de desenvolvimento, resultados de curto prazo, e outros. Recursos organizacionais são limitados e devem ser utilizados sabiamente para evitar fracasso ou *overun* para a efetiva implantação.

Os resultados de uma estratégia passam a ser medidos de acordo com as entregas dos projetos que a compõe. A mensuração será feita em termos de custos e lucros, impacto em recursos e risco organizacional.

6.2.3 Frequência de revisão das estratégias

Um questionamento comum nas organizações que desenvolvem planos estratégicos de negócios refere-se ao intervalo de tempo para se revisar estratégias já definidas. A regra é que o mercado e a indústria em que a organização está inserida deem as regras desse jogo através da velocidade das mudanças. Pode existir adoção de momentos no tempo para se revisar estratégias (revisão a cada três meses) ou análise contínua do impacto das mudanças em mercados "nervosos" que impactem as estratégias adotadas. A Figura 6.1 apresenta o conceito

Figura 6.1 Frequência de revisão de estratégias organizacionais

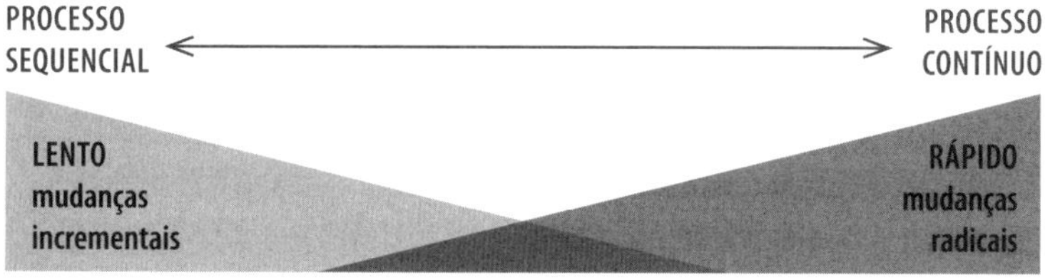

6.2.4 Estratégias e maturidade organizacional

Igualmente, não há estratégia corporativa universal que atenda a diferentes organizações que a compõem em qualquer circunstância.

Organizações fazem parte de indústrias às quais estão associadas a diferentes velocidades de mudanças: tecnologia, produtos, processos. Estratégias selecionadas para uma determinada organização estão vinculadas a velocidades das mudanças pretendidas e ao grau de liberdade estratégica pretendida pela organização, indicativos do nível de maturidade atingido, como pode ser visto na Figura 6.2.

Figura 6.2 Estratégia e maturidade organizacional

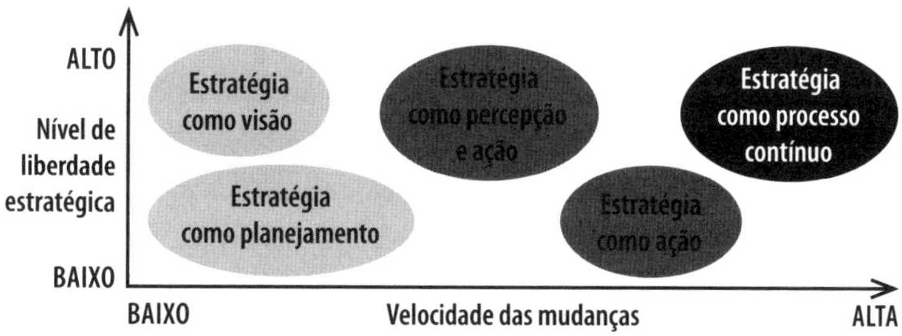

6.2.4.1 Estratégia como planejamento

Em certos casos uma estratégia deve focar em planejamento tradicional – extrapolar experiência passada em ações para o futuro. Contudo, esse processo só deve ser aplicado nas indústrias em que as mudanças são lentas e onde forças conservadoras predominam. Nesses ambientes as metas têm que ser claras, os clientes são fáceis de entender e as ações organizacionais são previsíveis. O processo de formação das estratégias se torna uma seleção analítica com base em cálculos feitos, divulgando resultados dos cálculos para os tomadores de decisão que controlam as escolhas.

6.2.4.2 Estratégia como "visão"

Processo estratégico que "olha para frente", dá muita importância a informações sobre o futuro. Avaliar o futuro é importante para aquelas organizações em que as mudanças ocorrem frequentemente. Essa visão do futuro pode ser desenvolvida explorando-se espaços de oportunidades fora das limitações dos recursos atuais. A visão de futuro está no centro do desenvolvimento das prontidões organizacionais.

6.2.4.3 Estratégia como "percepção" e ações

Estratégias que alinham percepções com ações organizacionais frente ao que está acontecendo nas sociedades e nos negócios. Esse processo vai suportar a organização a sustentar e alterar seus valores no futuro.

6.2.4.4 Estratégia como ação organizacional

Esse processo estratégico foca somente no desenvolvimento de ações para adaptar a organização a mudanças no ambiente. As ações que podem ser geradas variam entre incrementais e substanciais (ver Figura 5.2). Esse processo estratégico não é usado para gerar respostas transformacionais.

6.2.4.5 Estratégia como um processo continuo

Esse processo envolve inovação e flexibilidade como parte da estrutura genética da organização para assegurar capacidade transformacional. Esse tipo de estratégia pode ser de valor limitado se não houver a efetiva prontidão que mantém a flexibilidade devido a escala, escopo e tempo adequados. As ações desenvolvidas precisam ser bem coerentes e balanceadas, assegurando que elementos de risco e recursos avancem juntamente para maximizar flexibilidade estratégica e operacional.

6.2.5 Escolha estratégica

A melhor escolha estratégica para os interesses do negócio pode passar pela análise das seguintes modalidades:

6.2.5.1 Estratégia da unidade de negócios

A organização é composta de unidades de negócios que atendem a mercados e clientes, com produtos e serviços, tendo processos e tecnologias adequados para executar as atividades.

A estratégia para a unidade de negócios objetiva criar diferenças entre a posição da unidade de negócio em relação a dos concorrentes. Para se posicionar, a unidade de negócio deve decidir se pretende desenvolver atividades de maneira diferente ou se deseja executar diferentes atividades comparáveis a dos concorrentes.

A adoção desse formato de estratégia indica que a organização deseja tomar ações que aumentem a geração de valor a clientes e assim obter vantagens competitivas explorando recursos – ativos organizacionais e recursos humanos. Desejam, também, explorar adequadamente as competências centrais. Os recursos a capacitações são a principal fonte de vantagem competitiva sobre concorrentes da unidade de negócio em mercados específicos de produtos.

A estratégia de unidades de negócios pode ser composta de estratégias genéricas conhecidas: liderança em custo, diferenciação, integração entre custo e diferenciação, liderança em custo com foco, liderança em diferenciação com foco.

Principais pontos a considerar nessa estratégia:

- Produtos ou serviços a entregar para clientes;
- Como produzir ou criar novos produtos e serviços;
- Como distribuir produtos e serviços para o mercado.

6.2.5.2 Estratégia corporativa

Estratégia corporativa é aquela que cria valor para a corporação de um modo geral. Os estrategistas aderem à estratégia corporativa quando avaliarem que os resultados para o todo corporativo indicam ser maiores do que a soma dos resultados individuais de suas unidades estratégicas de negócios.

A estratégia corporativa, em geral, indica se a corporação deve investir ou desinvestir em diversificação mirando para economia de escopo, poder no mercado em que atua, economias financeiras. Detalhadamente pode-se dizer que a diversificação no nível corporativo ocorre pois:

- Há recursos organizacionais que criam inúmeros efeitos na criação de valor e competitividade estratégica da corporação. São do grupo de recursos tangíveis (financeiros e físicos) ou recursos intangíveis (conhecimento tático, relações com os clientes, imagem e reputação) que podem alavancar resultados;
- Há motivos gerenciais, que podem causar redução no valor agregado corporativo, mas com influência na decisão (diversificação do risco de emprego ou aumento da compensação para os níveis gerenciais);
- Há outros incentivos aos negócios que podem trazer pequenos efeitos na competitividade estratégica, mas que podem sugerir diversificação corporativa (leis tributárias, baixo desempenho corporativo, fluxos de caixa incertos, redução de riscos organizacionais).

A decisão pela estratégia corporativa de diversificação causará impactos nos projetos estratégicos e de implantação, particularmente em governança corporativa.

6.2.5.3 Estratégia de aquisição e reestruturação

Há inúmeras razões para uma organização adquirir ou reestruturar negócios. Há três tipos principais: *merger*, *acquisition* e *takeover*. *Merger* é a estratégia na qual duas ou mais organizações fazem acordo de integrar suas operações em bases igualitárias; *acquisition* é a estratégia pela qual uma organização assume o controle de outra com a intenção de tornar a organização uma subsidiária no seu portfólio de negócios; *takeover* é um tipo especial de estratégia de aquisição, muito comum no mercado americano, em que não há formalização de compra por contrato, mas por compra do controle acionário no mercado de capitais. Atividades de reestruturação podem ocorrer mesmo sem aquisições, mas certamente ocorrem após uma aquisição de outra organização.

Os elementos-chave a discutir durante o workshop estratégico que permitirão colocar uma organização no caminho da aquisição podem ser:

- **aumento do poder de mercado:** venda de produtos e serviços acima dos níveis competitivos existentes ou custos internos menores do que o custo dos concorrentes, ou o próprio tamanho e recursos disponíveis. Outros fatores que aumentam o poder de mercado de uma organização são as aquisições horizontais ou verticais na cadeia de valor (compra de fornecedores ou de distribuidores) ou aquisições relacionadas ao próprio negócio (compra de um concorrente);
- **superar barreiras de entrada em novos negócios:** adquirir organização alavancando sua entrada imediata em novo mercado concorrencial;
- **custo de desenvolvimento de novos produtos e velocidade de chegar ao mercado:** uma organização precisa fazer vultosos investimentos para desenvolver novos produtos e introduzi-los no mercado. A compra de um concorrente pode resultar em menores riscos – se os executivos perceberem dessa maneira – se comparados com desenvolvimento interno, retornos mais previsíveis, entrada mais rápida nos mercado a serem servidos e rápido acesso a novas capacitações;
- **expansão da diversificação:** pode ser mais fácil desenvolver e introduzir novos produtos no mercado servido pela organização do que naqueles em que a organização não tenha experiência. Assim sendo, a aquisição pode ser o meio mais rápido e fácil de diversificar e alterar a matriz de negócios corporativos;

- **novo formato para o escopo competitivo da organização:** aquisições podem reduzir a dependência de poucos produtos ou mercados e tal redução de dependência altera o escopo competitivo;
- **aprender e desenvolver novas competências organizacionais:** as aquisições podem trazer capacitações que a organização compradora pode não ter e podem ocorrer pois a organização deseja adquirir capacitações tecnológicas importantes, ou expandir a base de conhecimentos ou, ainda, reduzir a inércia organizacional.

Durante o processo de definição da estratégia, os executivos devem estar preparados para discutir os principais problemas associados com aquisições e reestruturações aqui listados:

- Dificuldades com a futura integração entre organizações;
- Avaliação inadequada da organização que foi adquirida;
- Dívida muito alta;
- Incapacidade de obter sinergia nos dois negócios;
- O resultado é uma organização muito grande;
- Executivos muito focados em aquisições;
- Excesso de diversificação.

Quando os executivos tratarem de reestruturação organizacional, com ou sem aquisição, eles devem tratar de:

- ***Downsizing***: redução em bloco de empregados;
- ***Downscoping***: desinvestimento ou fechamento de negócios que não se qualificam como *core business*. Pode reduzir o escopo das operações sugerindo que a organização tenha maior foco nas atividades que permaneceram;
- ***Leveraged buyout***: venda de parte dos ativos para parceiros de negócios.

Qualquer reestruturação deve ser avaliada quanto a impactos que podem trazer para a organização, como redução do custo da mão de obra, aumento e/ou redução de custos da dívida, ênfase em controles estratégicos. Além desses, os executivos devem se preocupar com perda do capital humano, aumento ou redução do desempenho, maiores riscos. Projetos de implantação da estratégia deverão considerar os impactos mencionados.

6.2.5.4 Estratégia de internacionalização

A adoção de estratégias de internacionalização se deve à identificação de oportunidades internacionais como:

- **aumento de *market share*:** o mercado doméstico pode não ter o tamanho para suportar a capacidade instalada de produção;
- **retorno de investimento:** grandes projetos de investimento podem requerer mercados internacionais para justificar os investimentos;
- **economia de escala e/ou aprendizado:** expansão de mercados pode promover economias de escala na produção, pesquisa e desenvolvimento e distribuição, auxiliando a diluição de custos em bases amplas de vendas, com aumento do lucro unitário;
- **vantagens regionais:** mercados com custos totais menores podem apoiar o desenvolvimento de vantagens competitivas permitindo melhor acesso a matérias-primas, energia, menores custos de mão de obra e nova base de clientes;
- **exploração de recursos, capacitações e uso das competências centrais:** para implantação da estratégia de internacionalização.

Uma estratégia de internacionalização pode ser idealizada apenas para uma determinada UEN, ou pode ser global, envolvendo toda a organização.

Os executivos devem discutir, também, as formas de entrada dos negócios em diferentes mercados internacionais. Possíveis formas de entrada podem ser via exportação de bens e serviços, licenciamento de marcas, de processos, de tecnologias, alianças estratégicas com organizações dos países interessantes, aquisições internacionais, criação de novo negócio no exterior.

6.2.5.5 Estratégia de cooperação

As estratégias cooperativas são classificadas como aquelas em que as organizações envolvidas trabalham conjuntamente e compartilham objetivos comuns.

Os executivos, ao decidir embarcar em estratégias cooperativas, sabem de antemão que irão criar mais valor para os clientes com a cooperação do que se tivessem escolhido outras estratégias, além de estabelecer posição favorável frente à concorrência.

As principais estratégias cooperativas a serem discutidas em workshop estratégico são:

- **aliança estratégica em que as organizações decidem combinar recursos e capacitações objetivando criar vantagem competitiva sustentável:** na aliança estratégica os parceiros trocam e compartilham recursos e capacitações, desenvolvem e distribuem conjuntamente produtos e serviços;

- ***joint venture***: o arranjo estratégico no qual duas ou mais organizações criam outra organização, independente das organizações originais, mas optam por combinar parcelas de seus ativos;
- **aliança estratégica envolvendo ativos organizacionais:** as organizações parceiras modelam o negócio de forma a que parcela desses ativos continuam sendo de sua propriedade;
- **aliança estratégica não envolvendo ativos organizacionais:** acordos contratuais realizados entre organizações com o objetivo de suprir, produzir ou distribuir produtos da organização sem envolvimento de ativos.
- Impactos nos demais recursos organizacionais

O ponto central da decisão de desenvolver estratégias cooperativas com outras organizações nas modalidades citadas refere-se ao enfoque. O primeiro enfoque é que estratégias cooperativas perseguem minimização de custos para as organizações envolvidas. Os executivos devem desenvolver um contrato de funcionamento da estratégia cooperativa, esclarecendo como a estratégia será controlada pelas partes envolvidas e como controlar os comportamentos dos parceiros. O segundo enfoque da decisão refere-se à maximização de oportunidades por entenderem que as oportunidades de geração de valor serão otimizadas com a cooperação entre todos os parceiros e que os parceiros terão grande oportunidade de se conhecerem mutuamente, beneficiarem-se e explorarem novas oportunidades no mercado, com menos limitações contratuais.

Está claro, porém, que os clientes irão sempre requerer excelência em todas as disciplinas. As organizações só poderão entregar produtos e serviços classe mundial se estiverem preparadas para usar as diferentes capacitações organizacionais em diferentes disciplinas de valor.

6.3 A condução do workshop estratégico – Determinação da(s) estratégia(s)

A Fase 2 da etapa de workshop estratégico compreende a decisão quanto a estratégias a adotar, projetos associados à implantação de estratégias, recursos necessários para desenvolvimento de projetos e comunicação efetiva com as diferentes áreas da organização. A Figura 6.3 apresenta a etapa e a fase correspondente.

A segunda fase do workshop estratégico refere-se à definição das estratégias organizacionais.

As principais características da Fase 2 são:

1. Orientação quanto às estratégias já organizadas durante a Fase 1 do workshop estratégico. Durante a Fase 1 os executivos se reuniram em grupos para definir opções estratégicas. Todo material coletado da Fase 1 e referente a estratégias deverá ser repassado, mas agora, para a plateia com todos os executivos reunidos em sessão única. As discussões da Fase 1 orientarão as decisões quanto a estratégias que, reafirma-se, deverão ajudar a promover a competitividade estratégica, obtenção de vantagens competitivas e retorno acima da média para a organização.
2. Iteratividade também na Fase 2, pois a discussão de conceitos deve ser reforçada já que o futuro da organização e dos colaboradores está sendo definido nessa fase. Reforça-se que os condutores do workshop devem estar atentos a possíveis desvios durante as discussões, agindo para evitar mudança de foco das discussões de conteúdos que não estejam em sintonia com as opções estratégicas já definidas e documentadas durante a condução da Fase1. O tempo aqui joga contra o andamento do workshop.
3. Os executivos apresentam as razões analisadas para a seleção das estratégias finalistas: cenários que montaram e que levaram às conclusões agora apresentadas, principais projetos a serem desenvolvidos durante a implantação de cada estratégia apresentada, recursos humanos necessários ao longo do desenvolvimento da estratégia, investimento total necessário com os projetos, risco e retorno esperado.
4. Uso de tecnologia da informação para dirigir a definição das estratégias definidas na Fase 2 do workshop, com a captura de detalhes das atividades ou de elementos fundamentais capturados durante as discussões e apresentação dos resultados ao final do workshop. As sugestões dos executivos devem ser capturadas e apresentadas a todos e as impressões dos rascunhos dos trabalhos deverão estar disponíveis a todos que solicitarem. O operador do computador deve ser profissional com amplo domínio de ferramentas tecnológicas e com conhecimentos do que é planejamento estratégico. O relatório final referente ao workshop deve ser divulgado ao fim dos trabalhos e é importantíssimo para o desenvolvimento da etapa seguinte, que é a elaboração do plano estratégico.

Figura 6.3 Processo de gestão estratégica – Desenvolvimento de estratégia(s)

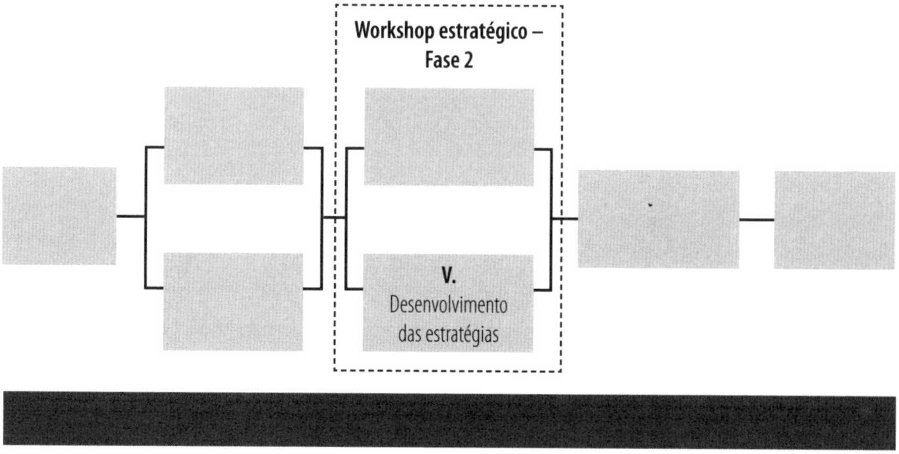

6.3.1 Condução do workshop

A Fase 1 do workshop passou as bases teóricas e auxiliou os executivos a pensar nas opções estratégicas. A seleção de estratégias de negócios exige que os executivos respondam à seguinte pergunta: Como objetivos e metas serão alcançados?

A resposta a essa pergunta começou na Fase 1 com as opções estratégicas. Agora os executivos vão "mergulhar" em cada uma das opções e definir quais serão as finalistas, as razões da seleção e os impactos que causarão na organização. Todo material elaborado durante a Fase 1 deve estar disponível e sessões de orientação sobre estratégias, seu conteúdo e seus impactos em negócios deverão iniciar a Fase 2 do workshop.

As discussões tem seu ponto de partida sobre se desenvolverão estratégia para a corporação, para a organização ou para as unidades estratégicas de negócios. A Fase 2 apresenta o seguinte processo, iterativo:

1. As opções estratégicas discutidas na Fase 1 ajudam na decisão sobre as estratégias e seus projetos.
2. Executivos discutem estratégias prováveis e os impactos que causarão na organização de forma geral.
3. Para cada estratégia definida em consenso, delineiam-se os projetos que a comporão, atualizando-se a matriz de projetos.

6.3.2 Elaboração da matriz de projetos

Definidas as estratégias surgem os projetos potenciais que atenderão a objetivos e metas. Tais projetos estarão apoiados nas capacitações organizacionais; sua prioridade será objeto de consenso com participação de todos os participantes.

Os métodos e técnicas de desenvolvimento de cada projeto serão identificados; suas dependências principais serão discutidas e aprovadas; confirmam-se alguns projetos já em andamento na organização e aqueles que a organização deve paralisar. Definido o projeto, os executivos analisam seu sequenciamento frente a todos os projetos possíveis referentes ao plano de transformação, atualizando a matriz de projetos (Figura 6.4). Há a atualização da matriz de projetos para cada estratégia finalista.

Figura 6.4 Modelo de matriz de projetos estratégicos

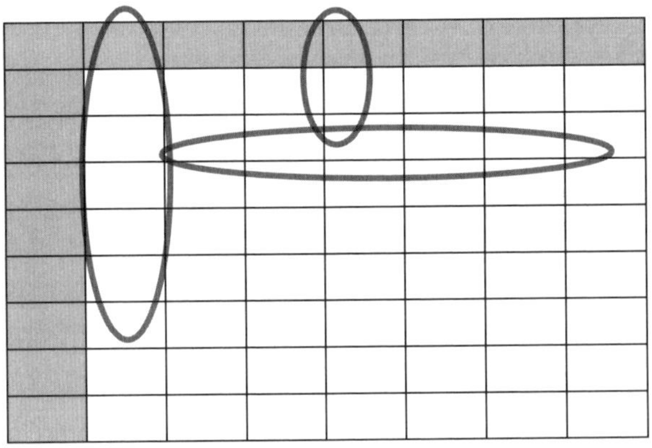

A matriz de projetos é ferramenta que inter-relaciona objetivos, metas e estratégias. Permite aos executivos visualizarem a totalidade dos projetos apresentados e exige explicação adequada à introdução de um novo projeto na matriz, como as razões da definição de tal projeto, quais objetivos e metas atende, ordem de grandeza do investimento requerido e qual o risco do projeto para a organização. Com essa ferramenta, torna-se fácil comparar diferentes contribuições aos objetivos e metas, integrar contribuições, dar prioridade a projetos e visualizar prazos e investimentos requeridos.

6.3.3 Confirmação do cenário proposto e dos impactos sobre lucro, recursos e riscos

Ao final da fase, o cenário deverá estar definido, as estratégias documentadas e o cronograma básico montado. Os executivos, antes de finalizarem o workshop, devem responder às seguintes perguntas:

- As estratégias e seu projetos ajudam a atingir objetivos e metas?
- As estratégias são consistentes?
- O nível de risco é aceitável?
- Qual é o período de implementação?
- Os recursos são suficientes?
    - financeiros;
    - organizacionais: habilidades gerenciais, competências operacionais;
    - físicos: capacidade de operação e de prestação de serviços;
    - tecnológicos: patentes, marcas registradas, direitos autorais.

A discussão que se segue costuma ser intensa pois os profissionais se enxergam ou não se enxergam como fazendo parte do futuro organizacional. Espera-se que o primeiro produto final da fase apresente o cenário final e o calendário de planejamento apresentados na Figura 6.5.

Figura 6.5 Cenário final e calendário de planejamento proposto

CENÁRIO FINAL
- Fluxo de caixa esperado
- Receitas esperadas
- Balanço projetado

CALENDÁRIO DE PLANEJAMENTO		
Projeto	Ação Estratégica Número	Semanas / Meses / Anos 1 2 3 4 5
A	A.1.1	
B	A.1.2	
C	C.1.4	
D	B.3.2	

6.3.4 Comunicação preliminar das estratégias e dos projetos

Os executivos sabem que a organização está ávida por informações sobre plano estratégico em desenvolvimento. Os colaboradores da base que não puderam participar do workshop esperam com ansiedade os resultados preliminares.

Deverá ser definida a comunicação para toda a organização e quais canais são apropriados para fazer tal comunicação. A decisão de comunicar é fundamental pois se relaciona a mudança proposta, e o grau de detalhamento da comunicação depende do consenso obtido. O nível apropriado do canal de comunicação dependerá do nível do desafio a comunicar (objetivos, metas, estratégias, projetos, habilidades necessárias, por exemplo). A comunicação é importante para se obter o apoio da base aos projetos que trarão fortes impactos na organização.

Estrutura-se, dessa forma, o segundo produto acabado esperado ao final da Fase 2 do workshop.

6.4 O produto acabado do workshop

A duração do workshop é cuidadosamente definida para que os executivos tenham tempo de "dormir" sobre os conceitos e decisões que tomaram durante o workshop.

As declarações de visão, valores e missão, assim como objetivos e metas, e intenções estratégicas devem estar imediatamente disponíveis aos executivos para que possam apresentar a seus próprios colaboradores. O produto acabado esperado será um relatório que apresente os tópicos consensados e aqueles que necessitarão apreciação maior na fase subsequente do workshop estratégico.

- **Documentar:**
  - visão e valores
  - missão da organização
  - objetivos e metas consistentes para todas as estruturas empresariais envolvidas
  - opções estratégicas avaliadas
- **Documentar estratégias finalistas, indicando:**
  - razões das escolhas estratégicas
  - projetos planejados para atingir objetivos
  - quantidade de recursos (humanos e materiais) necessários
  - descrição do nível de risco aceitável para a organização
- **Documentar impacto geral de cada estratégia finalista:**
  - lucros
  - necessidades de recursos
  - risco

Resumo

Estratégia refere-se a fazer escolhas entre duas ou mais alternativas. Aprende-se em geometria que há infinitos caminhos para se sair do ponto A e chegar ao ponto B. Ao selecionar uma estratégia, a organização decide seguir um caminho em detrimento dos demais caminhos possíveis. O propósito desta segunda parte do workshop estratégico refere-se à dedicação dos executivos para definir a estratégia ótima (aquele caminho pelo qual a organização optou e que oferece o maior retorno financeiro e potencial de sucesso), e desenvolver um plano para comunicar o novo direcionamento estratégico para a organização, que assegure comprometimento e sucesso na implantação da estratégia selecionada.

Questões para discussão

1. A Brinquedos Play compra e distribui brinquedos para crianças tanto no mercado brasileiro quanto no mercado mundial. Para determinadas linhas de produtos, principalmente importados, compra kits desmontados e monta-os no país em uma única fábrica.
   A organização vangloria-se de ter em seus estoques brinquedos do mundo todo para atender seus clientes, que afirma serem exigentes, e pagam para ter o melhor. Não há qualquer incentivo governamental para a atividade de compra, linha de montagem e comercialização da Brinquedos Play. No entanto, seus produtos passam por crivos regulatórios muito estritos, já que atendem principalmente crianças que precisam estar protegidas por problemas quanto à segurança do produto e confiabilidade da matéria-prima com a qual são fabricados. O pessoal da Brinquedos Play incentiva seus empregados a tomarem decisão e desempenharem papel proativo na formação da organização que eles querem no futuro. Responda às seguintes perguntas e prepare uma pequena apresentação para a classe.
   a. Qual é a estratégia que a organização aparentemente segue, com base nos dados acima?
   b. Quais são os riscos que a Brinquedos Play enfrenta com a adoção dessa estratégia?
   c. Complete a tabela abaixo com as estratégias que a Brinquedos Play deveria aplicar às suas funções de negócios

FUNÇÃO DE NEGÓCIO	ESTRATÉGIA DE LIDERANÇA EM CUSTOS	ESTRATÉGIA DE DIFERENCIAÇÃO
Logística de entrada		
Montagem		
Logística de saída		
Vendas		
Atendimento ao cliente		

2. Cite vantagens e desvantagens para uma organização se diversificar, após ter adotado modelo de negócio com base em estratégia corporativa de organização única ou dominante.
3. Você é parte da alta administração de uma organização que oferece softwares para usinas de aço. Os executivos entendem que a organização deve crescer e sugere expansão dos negócios através do desenvolvimento de um aplicativo para serviços on-line de transporte de aço para os clientes. Você sabe que a organização pode se expandir pela análise dos resultados que vem obtendo, mas não tem certeza da melhor maneira de fazer isso.
   a. Sua organização deve adquirir ou fazer *merger* com outra organização que ofereça os serviços sugeridos ou desenvolver internamente? Liste vantagens e desvantagens de cada uma das alternativas.
   b. Suponha que sua organização decidiu comprar uma organização existente. Faça algumas previsões sobre problemas gerais que a sua organização irá encontrar com a aquisição e quais seriam as alternativas de solução.

4. Quais podem ser os riscos de se decidir diversificar pela internacionalização? Há fatores que limitam os resultados positivos de uma expansão internacional? Discorra sobre os desafios de gerenciar organizações transnacionais.
5. Sua organização produz correias para aplicações industriais. Como vice-presidente de vendas, você desenvolveu diversos relacionamentos de longo prazo com diversos clientes. Seu principal concorrente acaba de se aproximar de você para estabelecer uma aliança estratégica com sua organização.

   Parte 1

   Como você não está seguro se essa aliança pode ser benéfica para sua organização, você decide trazer a proposta para uma discussão preliminar no Comitê Executivo da organização. Você já antecipou que o Comitê irá fazer inúmeras perguntas básicas. Que tipo de informação você precisa ser capaz de responder?

   Parte 2

   Depois de diversas semanas de investigação com relação ao valor de uma aliança, sua organização decide que poderia ser financeiramente interessante e benéfico para os negócios, mas o Comitê Executivo deseja que você apresente, agora, os riscos que a aliança poderia conter e quais seriam suas sugestões para minimizá-los. Que riscos você prevê? Como podem ser mitigados?

Parte 3

Antes que o contrato entre sua organização e a organização de seu concorrente tenha sido assinado, você começa a negociar com um dos maiores clientes de seu concorrente oferecendo novos produtos com base em nova tecnologia que sua empresa acaba de desenvolver. Em sua opinião, a aliança pode levantar aspectos legais e éticos que sua empresa deve considerar antes de seguir adiante com a negociação?

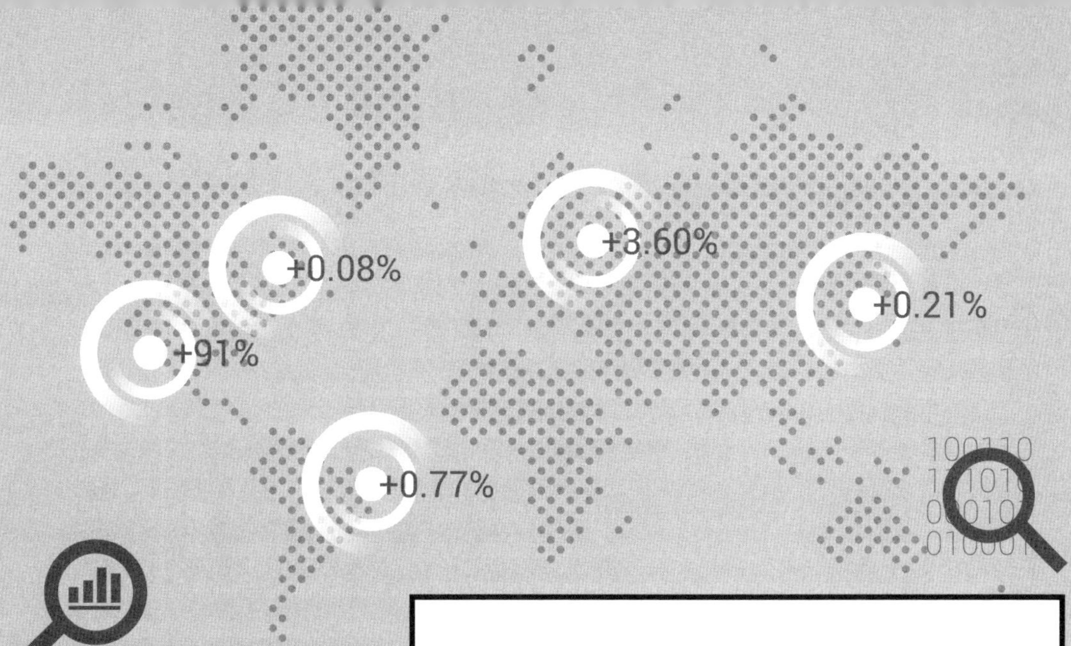

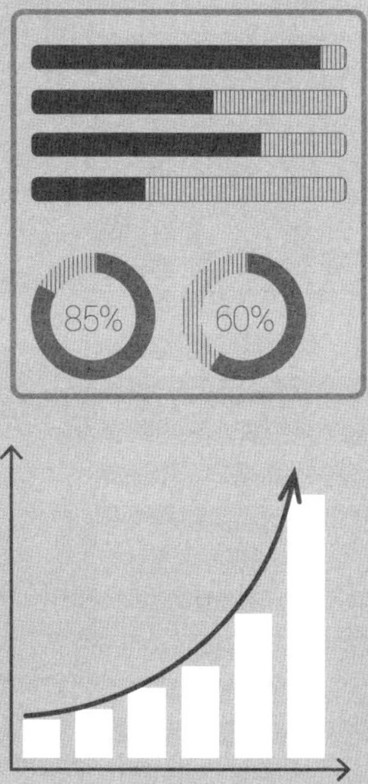

7

ELABORAÇÃO DO PLANO DE NEGÓCIOS

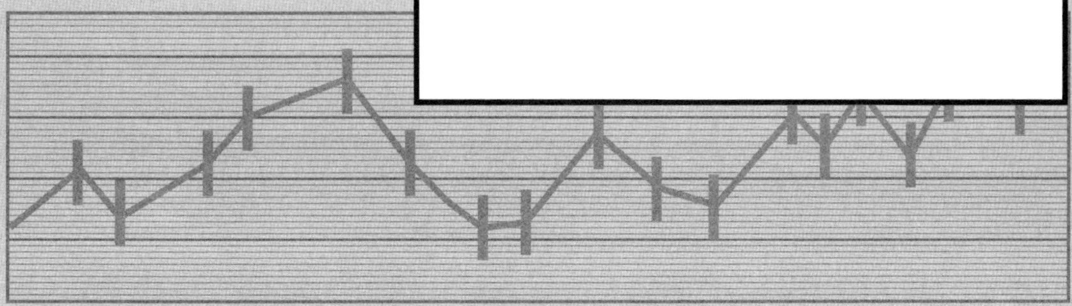

Objetivos do capítulo

Com o estudo deste capítulo, você será capaz de:

- dominar a elaboração do *business case* (plano de negócio), etapa subsequente ao workshop estratégico;
- compreender os conceitos envolvidos no *business case*, como *drivers* de negócios, análises externas e internas, missão, visão e metas, benefícios, custos, riscos, entre outros;
- aprender como revisar o plano de negócios entre suas fases;
- entender os recursos necessários para a implantação do projeto e o papel do Comitê Diretivo;
- elaborar e analisar o roteiro de avaliação do projeto.

7.1 Introdução

Um *business case* é único para uma determinada organização e apresenta todo o trabalho desenvolvido, análise realizadas, conclusões. É produto-chave para aprovação nas diferentes instâncias organizacionais. Uma vez aprovado, tornar-se-á a cartilha a ser seguida para a implantação dos projetos, bem como o documento oficial passível de consulta e utilização por toda a organização.

Apesar da unicidade do *business case*, há algumas características que podem ser adotadas universalmente na sua composição.

Os tópicos abaixo podem ser uma amostra daqueles que compõem a "espinha dorsal" de um *business case*.

- *Drivers* de negócios;
- Análise externa;
- Análise interna;
- Visão, missão;
- Objetivos, metas;
- Estratégias;
- Definição de novos processos de negócios;
- Opções para automação dos novos processos;
- Projetos, recursos, prazos;
- Benefícios;
- Custos;

- Riscos;
- Impactos – técnico, em pessoas, nos fornecedores.

7.2 A elaboração do *business case*

Na metodologia utilizada durante a elaboração do planejamento estratégico, o *business case* é preparado, discutido e aprovado na etapa denominada de plano de negócios, conforme mostra a Figura 7.1.

Figura 7.1 Processo de gestão estratégica – Plano de negócios

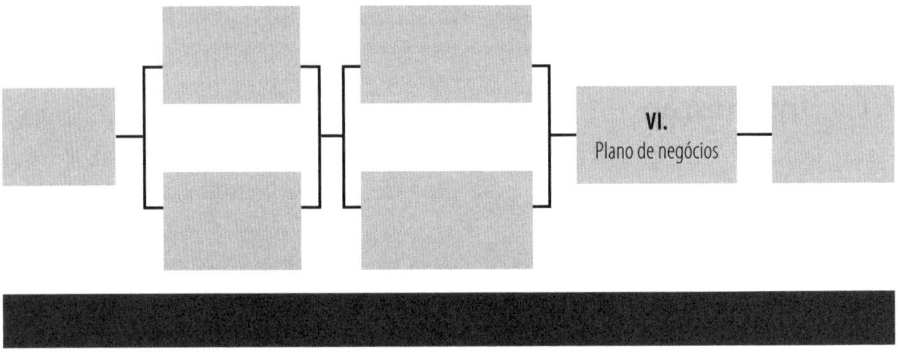

Finalizada a etapa de workshop estratégico, os executivos retomam as atividades na organização. Agora passam a trabalhar com a equipe de projeto que desenvolve o *business case*, devendo reavaliar as estratégias discutidas durante o workshop. A orientação é para que os executivos otimizem o número original de estratégias apresentadas durante o workshop e aperfeiçoem as próprias estratégias finalistas e, portanto, dos projetos delas derivados, seja por integração ou eliminação das estratégias, mas sem comprometer a elaboração do plano e os resultados previstos e discutidos durante o workshop. A razão para tal orientação é que uma única estratégia pode gerar grande número de projetos que a viabilizem, e tais projetos utilizam recursos organizacionais, escassos por essência, e que precisam ser racionalizados. A organização precisa ser orientada sobre o que fazer primeiro, o que atingir e como atingir. As palavras-chave nessa etapa são foco, recursos, prazos e riscos.

As duas fases que compõe a geração de um *business case* são:

1. revisão de estratégias e seus projetos;
2. consolidação do *business case* com projetos finalistas, prazos de implantação, recursos envolvidos, custos a incorrer, benefícios esperados, aprovação do *business case* pela alta administração.

A Figura 7.2 mostra, esquematicamente, a etapa e suas duas fases.

Figura 7.2 Plano de negócios/*business case*

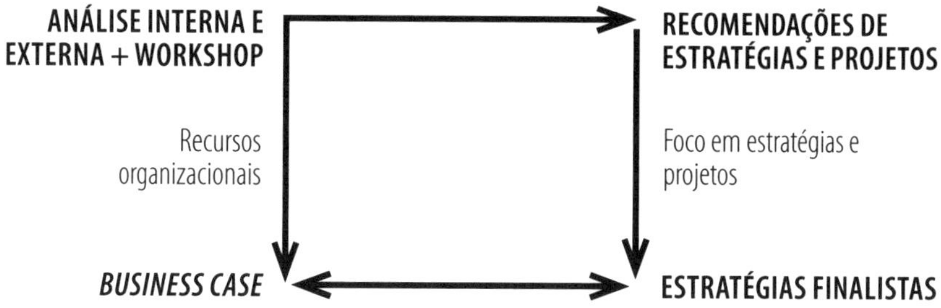

7.2.1 Fase 1 – Revisão de estratégias e seus projetos

7.2.1.1 Planejamento da implantação

Após confirmar as estratégias finalistas de negócios, é preciso identificar e priorizar projetos. Mas há macroprocessos organizacionais associados a estratégias finalistas que indicarão caminhos a seguir. Os macroprocessos, ao serem alinhados, indicam preliminarmente de que projetos a organização necessita para obter vantagens competitivas e retornos acima da média.

7.2.1.2 Estratégias de implantação

Como apresentado no Capítulo 6, estratégias são compostas de projetos organizacionais de mudanças que deverão ser sequenciados de acordo com alguma lógica organizacional: pré-requisito, risco, prazo de desenvolvimento, resultados de curto prazo, e outros. Recursos organizacionais são limitados e devem ser utilizados sabiamente para evitar fracasso ou *overun* para a efetiva implantação. Ainda, as estratégias devem ser revisadas com alguma frequência. A preparação do *business case* é o primeiro momento efetivo de revisão.

Figura 7.3 Exemplo de estratégia de implantação

Um enfoque importante de implantação refere-se à escolha dos macroprocessos organizacionais, os processos a eles associados e que devem sofrer análise dos executivos para possível implementação e os processos financeiros e administrados envolvidos. Os projetos são implantados por ondas, cada onda tem período de início e de fim, como pode ser analisado na Figura 7.3. As ondas estão sequenciadas de maneira lógica e usam pré-requisitos funcionais e técnicos para sequenciar os projetos em cada uma delas.

Assim sendo, na "onda de projetos" referentes a gerenciamento financeiro e administração, apenas para exemplificar, os projetos podem ser desenvolvidos na seguinte sequência:

Quadro 7.1 Onda de projetos

Onda financeira	Impostos
Contas a pagar	Tesouraria
Contas a receber	Relatórios financeiros
Contabilidade	Orçamento organizacional
Folha de pagamentos	Previsão financeira

As demais ondas terão seus projetos específicos, porém deverão ser interconectados por razões de precedência e importância para os negócios (ver Figura 7.4 mais à frente). Não é possível fazer um projeto de compras sem ter tratado seu relacionamento com estoques, e assim por diante. É importante que projetos existentes sejam incluídos no processo de priorização das diferentes ondas, qual projeto será redefinido, qual será paralisado. Todos os projetos constantes das ondas deverão ser descritos com objetivos, produtos intermediários, responsabilidades. Outro ponto crucial para todos os projetos é declarar quais podem ser os impedimentos para seu sucesso.

Há algumas vantagens em usar o enfoque "por ondas" para a implementação de projetos: as ondas estão sequenciadas, os projetos de todas as ondas constam de um amplo elenco de projetos, igualmente sequenciados para cada onda; pode-se implantar projetos de maneira metódica; obter benefícios o quanto antes; otimizar o número de profissionais em diferentes áreas organizacionais e flexibilidade para alterar a direção durante a implementação.

7.2.1.3 Priorização e sequenciamento de projetos

Da lista de todos os projetos potenciais associados com a estratégia, os executivos devem concordar com aqueles que serão priorizados. O número de projetos pode aumentar se o gerenciamento desenvolver modelo de negócios que não assegure balanceamento entre autoridade, conhecimento, habilidades. Em algumas organizações, o desenvolvimento de um modelo de negócios pode ser um projeto em si mesmo.

Ao determinar a prioridade dos projetos, devem-se incluir projetos atuais, em andamento. Os projetos que compreendem uma estratégia devem ser listados, sua priorização deve levar em consideração o impacto que vai trazer para os negócios, se os resultados ocorrerão no curto ou no longo prazo e a facilidade de implantação. A sequência recomendada de priorização de projetos é:

- Mapear os projetos potenciais considerando três dimensões:
  - tempo de desenvolvimento;
  - facilidade de implementação;
  - impacto no negócio.
- Usar codificação por cores para indicar quais projetos devam ser paralisados (vermelho), esperar (amarelo) e priorizar (verde).
- Outros elementos importantes para fixar prioridades:
  - limites de tempo impostos pelo ambiente externo;
  - preferências dos clientes;
  - política interna;
  - caminho crítico;
  - problemas com recursos;
  - equipe de projeto;
  - equilíbrio com o dia a dia do negócio;
  - capacidade de assimilação;

- obtenção de benefícios;
- maior impacto;
- fluxo contínuo de benefícios;
- estratégia de gerenciamento de riscos.

A Figura 7.4 esquematiza o sequenciamento adequado do projeto.

Figura 7.4 Priorização de projetos

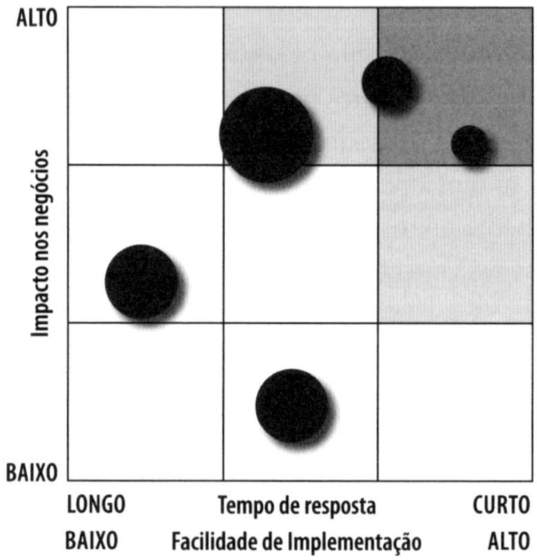

7.2.14 Descrição dos projetos de negócios a serem desenvolvidos

O propósito é produzir descrições que delineiam o que desenvolver, quando e para quem. Todo projeto se inicia com um estudo de viabilidade, seguida de descrição detalhada para aqueles projetos que foram priorizados.

O gerente do projeto deve finalizar a descrição para assegurar autoridade e responsabilidade pelo projeto. Cada descrição de projeto deve explicitar: objetivos (específicos, mensuráveis, atingíveis, realistas e oportunos), produtos acabados, prazos, medidas de desempenho, principais tarefas a desenvolver, estimativa de recursos, impactos comportamentais, riscos, relacionamentos com projetos atuais.

O Quadro 7.2 explicita o que se faz necessário em uma descrição.

Quadro 7.2 Descrição de projeto

TÍTULO DO PROJETO	REFERÊNCIA: DATA: VERSÃO:
OBJETIVOS E MEDIDAS DE DESEMPENHO	
Tarefas principais	Incluem
Duração	Impacto organizacional
Recursos	Categorias
PRINCIPAIS PONTOS DE ATENÇÃO	
Dependências	
Preparado por:	Discutido com:

7.2.1.5 Responsabilidades pela execução do projeto

Deve ser definida a responsabilidade da corporação, organização ou unidade de estratégia de negócios (UEN) pelo desenvolvimento dos projetos validades pelos executivos, bem como a análise de outras oportunidades, sempre presentes no dia a dia dos negócios.

A responsabilidade pela implantação passa por estruturar equipe, elaborar cronogramas, propor metodologias de desenvolvimento e formas e controle de atividades, além de gerar reportes para a alta administração, em intervalos definidos de tempo, para tomada de decisão.

7.2.1.6 Organização para implantação de projeto

Os recursos humanos envolvidos com o desenvolvimento do projeto deverão ser organizados indicando o efetivo envolvimento no projeto. A equipe deve ser composta para entregar o produto acabado esperado. A experiência e o custo de cada colaborador devem ser levados em consideração na montagem da equipe. Alguns aspectos relevantes podem ser a experiência na indústria, as habilidades funcionais e a disponibilidade do profissional para alocação ao projeto. A Figura 7.5 apresenta um modelo de organização de projeto.

Figura 7.5 Organização do projeto

Para "vender" os projetos para a alta administração inicialmente e demais estruturas organizacionais logo no início, deve-se desenvolver um plano de trabalho preliminar para cada projeto de mudança recomendado e que será iniciado. Um cronograma (Gráfico de Gannt) deverá ser desenvolvido e se tornar mais uma peça da estratégia de comunicação com a organização de modo geral. A Figura 7.6 é um exemplo de cronograma, apresentado como um cronograma de barras:

Figura 7.6 Diagrama de barras dos projetos

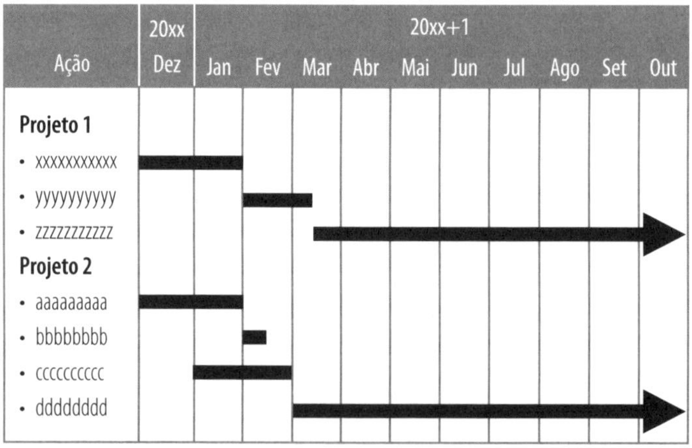

7.2.2 Fase 2 – Consolidação do *business case*

A análise de recursos humanos e materiais necessários para desenvolver o plano de negócios, o fluxo de caixa e o balanço projetado com os resultados esperados pelos projetos, a análise de riscos serão acrescidos ao plano de negócios gerando o *business case*. Esse produto vai ser o meio de comunicação do futuro da organização com o ambiente externo no qual se incluem clientes, fornecedores, parceiros de negócios e concorrentes. Será também o veículo de comunicação com o ambiente interno aqui representado primordialmente pelos colaboradores, que se apoiarão no *business case* para planejar o seu futuro pessoal.

7.2.2.1 Identificar benefícios qualitativos a serem obtidos com o projeto

Para a aprovação dos projetos pela alta administração, necessário se faz a elaboração de análise de custo-benefício. A parcela de custos do fluxo de caixa do(s) projeto(s), apesar de difícil elaboração, é de controle da organização: pessoal, infraestrutura, equipamentos, serviços externos, outros custos de implementação ao longo da elaboração do(s) projeto(s).

A parcela das receitas esperadas está associada a benefícios esperados com o(s) projeto(s). O Quadro 7.4 apresenta um possível modelo de benefícios qualitativos.

Quadro 7.4 Análise de benefícios qualitativos

ITEM	VALOR	COMENTÁRIO
1. Melhoria na capacidade de previsão	Muito alto	• Melhor entendimento dos padrões de demanda • Capacitação para previsão granular • Otimização do nível de estoques • Redução das faltas de estoque • Decréscimo em vendas perdidas
2. Melhoria do gerenciamento de promoções	Alto	• Melhor controle de alocação e acompanhamento dos estoques promocionais • Captura de dados para possibilitar melhoria das métricas de eficácia das promoções

7.2.2.2 Benefícios quantitativos potenciais podem ser

- Economias com fretes;
- Envio direto usando VMI (*vendor-managed inventory*);
- Número reduzido de ajustes em linhas de produção devido a melhor previsão de vendas, volume reduzido de estoques;
- Redução do índice de vendas canceladas.

A Tabela 7.1 é uma ferramenta de apresentação de possíveis benefícios quantitativos referentes, por exemplo, a *supply chain*, para comporem o fluxo de caixa.

Tabela 7.1 Análise de benefícios quantitativos

BENEFÍCIOS TÍPICOS DE INTEGRAÇÃO DE *SUPPLY CHAIN*	
Desempenho das entregas	16% - 28% de melhorias
Redução de estoques	25% - 60% de melhorias
Ciclo de atendimento	30% - 50% de melhorias
Precisão da Previsão	25% - 80% de melhorias
Produtividade Geral	10% - 16% de melhorias
Custos da cadeia de suprimentos	25% - 50% de melhorias
Taxas de ressuprimentos	20% - 30% de melhorias
Melhoria na Capacidade de Realização	10% - 20% de melhorias

Fonte: THE SUPPLY CHAIN COUNCIL.

7.2.2.3 Análise do impacto financeiro do plano de negócios

O impacto financeiro de alto nível refere-se às estratégias finais e seus projetos. Utiliza modelos financeiros de conhecimento da organização e pode-se elaborar o fluxo de caixa do plano de negócios. A Tabela 7.2 mostra um exemplo de ferramenta.

O fluxo de caixa esperado é ferramenta importantíssima no processo de tomada de decisão, deve ser elaborada para que os executivos decidam a viabilidade do(s) projeto(s). Além disso, passa as informações necessárias para o completo entendimento do plano a ser aprovado pela alta administração/conselho, que devem decidir sobre aporte de recursos, se necessário.

O fluxo de caixa real esperado deve ser enriquecido com análises suplementares de *payback period* ou valor presente líquido para o acompanhamento do projeto, inclusive pós-implementação quando o fluxo de custos se reduz e o fluxo de receitas passa a aumentar.

Tabela 7.2 Impacto financeiro de alto nível

OPORTUNIDADE	MELHORIA NA RECEITA	ECONOMIAS EM CUSTOS	INVESTIMENTO NECESSÁRIO	IMPORTÂNCIA ESTRATÉGICA	RISCO
• Usar tecnologia × para reduzir tempo e trabalho	N/A	R$500+	A avaliar	• Vantagem competitiva em custo e *time to market*	Médio
• Desenvolver e implantar política de substituição de equipamentos	R$100 - R$500	N/A	A avaliar	• *Unavailable equipment impacts, quality, downtime*	Alto
• Alinhar comunicação e marketing para reduzir excessos de dados	N/A	R$0-R$100	A avaliar	• Análise de taxas de recursos	Baixo
• Incrementar uso de ∘ *Sprinkler* ∘ *Drip*	N/A N/A	R$500 R$0-R$100	A avaliar A avaliar	• Vantagem competitiva em custo	Médio Médio

7.2.2.4 Gerenciamento de riscos

A organização deve determinar a importância relativa de amplo espectro de fatores de risco ao plano geral de implantação, aqui composto de estratégias de negócios finalistas, estratégia de implantação e projetos. A organização deve formular planos para mitigar os riscos que forem entendidos como os mais ameaçadores. Tais riscos podem ser aqueles que circundam a saúde financeira do fornecedor, flexibilidade do produto, relacionamentos com fornecedores e alianças estratégicas ou associadas aos próprios processos de negócios.

A organização precisa isolar os chamados riscos isolados daqueles riscos não isolados. Riscos isolados são os que ocorrem dentro de um projeto de mudança e causam impactos em alguma fase do ciclo de vida do projeto. Riscos não isolados causam impactos em todo o investimento planejado ou em grande parte dele. Por exemplo: alocação inadequada de recursos durante a fase de planejamento pode comprometer todo o investimento, ao passo que o pagamento de licenças e manutenção na aquisição de um aplicativo de negócios raramente afeta as fases subsequentes de implantação e operação. A principal preocupação dos executivos deve ser com os riscos não isolados e depois com os riscos isolados, pois o custo do investimento total, associado a riscos não isolados é bem mais apreciável que o custo de cada projeto isoladamente.

As atividades de gerenciamento de riscos passam pela identificação dos riscos (análise do impacto e determinação da probabilidade de ocorrência), reação ao risco (acompanhamento, mitigação, plano de contingência, plano de resolução) e revisão do risco (eficácia da mitigação, data do fechamento, recompensas, criação de políticas e gerenciamento de riscos).

7.3 Desenvolver sistema de acompanhamento do plano de negócios

A equipe de trabalho envolvida com o desenvolvimento do plano de negócios deve desenhar e implantar um sistema que acompanhe fatores-chave e datas cruciais do plano de negócios e seus projetos. Nele devem constar:

- Áreas responsáveis pelo desenvolvimento dos projetos;
- Gestor do projetos;
- Andamento do projeto;
- Uso e necessidade de recursos;
- Comunicação na equipe e com outras áreas da organização;
- Financiamentos obtidos e a obter;
- Principais pontos de atenção;
- Necessidade de revisão.

O sistema de acompanhamento não pode ser muito diferente da forma de controle já usada pela organização, pois pode-se incorrer no risco de não ser utilizado pelas equipes de trabalho (risco isolado). Deve fazer uso de ferramentas organizacionais já disponíveis: MS-Project, Balanced ScoreCard, outros aplicativos, PERT-CPM ou mesmo um sistema de controle manual caso a equipe julgue adequado.

O sistema de acompanhamento indicará a evolução do plano de negócios à medida que evolui, concentrando-se em fatores-chave e propiciando o acompanhamento do progresso de cada projeto individualmente e do plano de negócios de modo geral.

Um sistema adequado de acompanhamento do plano estratégico de negócios e dos projetos individualmente deve ser composto de coleta de tempos individuais de cada participante (ou outra métrica selecionada pela organização) e elaborar:

- Relatórios de responsabilidade;
- Relatórios de exceção;
- Relatórios de variações.

O sistema deverá ser instalado na etapa de implantação do plano de negócios.

7.4 Modelo geral *business case* para planejamento estratégico de negócios

Seção1 – Introdução

- Descrição narrativa de todos os aspectos do projeto.
- Inclui:
    - *Background;*
    - Objetivos;
    - Missão;
    - Visão geral;
    - Escopo.

Seção 2 – Sumário executivo

- Breve resumo do resultado obtido durante a elaboração do projeto.
- Deve incluir:
    - Os principais *drivers* de negócios;
    - Resultados da análise externa e interna;
    - Estratégias, projetos;
    - Resultado final referente à análise de custo/benefício;
    - Definição das entregas de produtos acabados pelas equipes de projeto;
    - Principais riscos;
    - Próximos passos.

Seção 3 – A futura organização

- Cria o contexto para os novos negócios e/ou processos de negócio.
- Visão geral de como a organização vai funcionar de outra forma com os novos negócios/processos.
- Deve incluir:
    - O futuro da organização;
    - Como a organização irá interagir com clientes, fornecedores, outras entidades corporativas no mercado global;
    - Como serão conduzidos os processos *core* dos negócios (centralizados, descentralizados, nível de serviços compartilhados, integração vertical).
- Um componente fundamental da futura organização é o modelo de negócios.
- O modelo de negócios é composto de (no mínimo):
    - Planos de crescimento;

  - Estratégias/táticas para atingir objetivos de crescimento;
  - Horizontalização de processos de negócios (visão geral);
  - Estrutura organizacional que suporte os novos processos;
  - Estruturas tecnológicas: produção, comercialização, transportes, serviços, TI que darão suporte aos processos de negócios (visão geral);
  - Definição dos relacionamentos internos e externos (clientes e fornecedores-chave) que se relacionem com os novos processos de negócios. o modelo de negócios deve esclarecer certas realidades, eventos e atividades que compelem a ações nos negócios.

Seção 4 – Visão dos futuros negócios

- Benefícios de processos integrados;
- Opções adotadas quanto a futuras integrações de funcionalidades:
  - Infraestrutura tecnológica;
  - Infraestrutura de aplicativos;
  - Principais *gaps*;
  - Prós e contras.
- Recomendação dos executivos/racionalidades adotadas;
- Visão dos sistemas de negócios;
- Opções de software;
- Opções de processos.

Seção 5 – Estratégia de implantação

- Enfoque de implantação – apresentação de diversas alternativas:
  - Faseado;
    - Geografia (fábricas, por exemplo);
    - Processos de negócios;
    - Aplicativos de tecnologia;
  - *Big-bang*.
- Recomendação e razões da recomendação.

Seção 6 – Custos/Benefícios

- O *business case* deve apresentar estudo de alto nível referente à razão custo/benefício. As organizações devem aplicar fatores inflacionários e de contingência sempre que apropriado;
- Atualizar sempre à medida que as informações estiverem disponíveis;

- Deve-se fazer uso de estimativas até que as informações estejam disponíveis, utilizando-se fator de confidência ou de contingência sempre que for apropriado;
- Quadro geral de custo/benefício:
    - Os componentes do *Total Cost of Ownership* (TCO): importante aqui é o foco em aspectos significativos do investimento proposto e análise dos impactos em custos de aquisição, implantação, operação e melhorias;
    - Faseamento;
    - Cada organização tem métodos e métricas diferentes para justificar financeiramente um projeto. Alguns deles são:
        - Valor presente líquido;
        - Taxa interna de retorno;
        - *Payback*.

Aprovar o plano

A equipe de trabalho envolvida com o desenvolvimento do plano de negócios deverá juntar o *business case* pronto, e preparar um sumário executivo para aprovação gerencial. Essa peça é fundamental para aprovação do plano estratégico pois:

- Sumariza objetivos, metas e estratégias no horizonte de planejamento;
- Relaciona planos às análises internas e ambientais;
- Demonstra o fluxo de caixa esperado e o balanço projetado da empresa no horizonte do plano.

A aprovação do plano pela alta administração é crucial para ir adiante com o devido apoio organizacional.

Resumo

Este capítulo apresentou, através do *business case*, a espinha dorsal de um plano de negócios com sua composição básica, tais como os *drivers* que conduzirão os negócios, as análises externas e internas baseadas na matriz SWOT, missão, visão e metas, benefícios, custos, riscos, entre outros componentes. O capítulo ainda ofereceu uma análise de como revisar o plano de negócios entre suas fases, os recursos humanos necessários para a implantação do projeto e o papel do Comitê Diretivo, que determinará o direcionamento e a tomada de decisões. Por fim, mostrou como desenvolver um sistema de acompanhamento do plano de negócios por meio dos vários tipos de relatórios, que compõem o roteiro de avaliação do projeto.

Questões para discussão

1. Descreva as principais atividades para elaborar um *business case*.
2. Explique por que os executivos devem otimizar o número de estratégias para chegar nas estratégias finalistas.
3. Explique detalhadamente como uma estratégia pode ser "quebrada" em projetos.
4. Faça levantamento adicional de métodos e métricas utilizadas pelas organizações para obter a razão da relação custo/benefício.
5. A inflação brasileira se situa no intervalo 4%-6% ao ano. Explique como os efeitos da inflação podem ser incluídos em análise de custo-benefício de projetos.

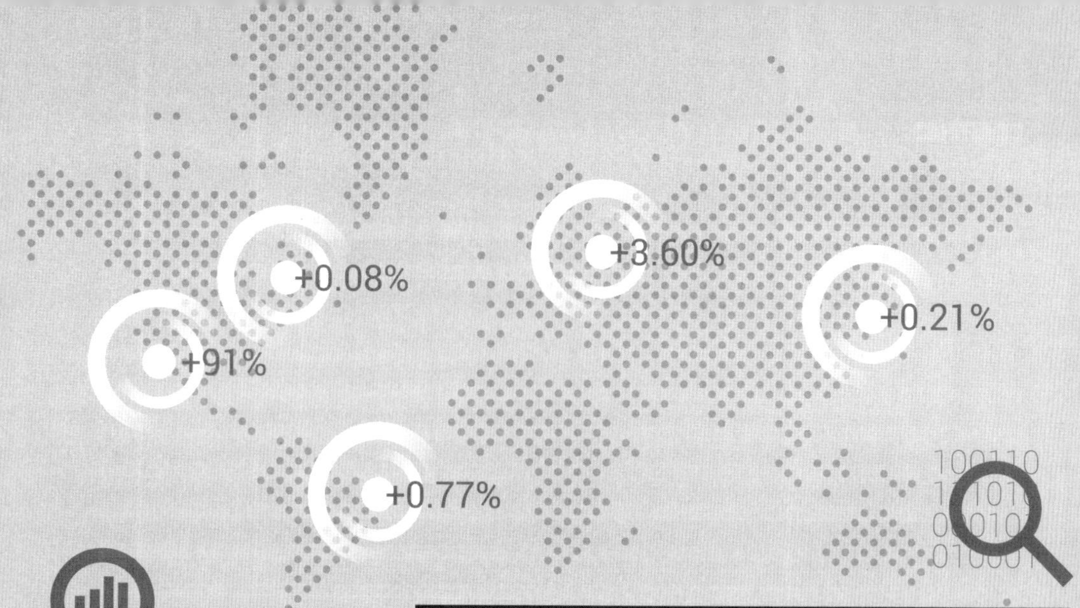

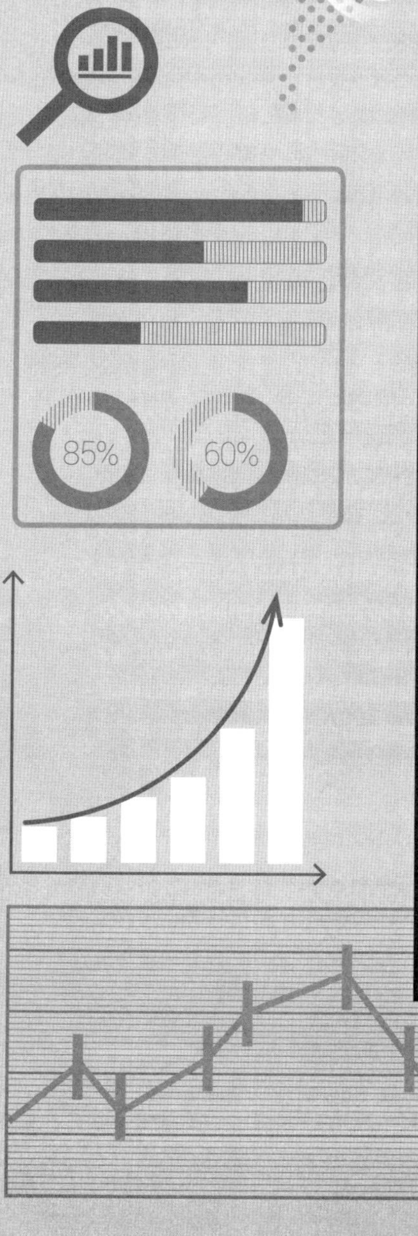

8

PLANO DE IMPLANTAÇÃO

Objetivos do capítulo

Com o estudo deste capítulo, você será capaz de:

- analisar as recomendações funcionais e técnicas do projeto, que foram passadas para a área responsável, por implantar o projeto no prazo e dentro dos recursos aprovados;
- compreender a definição do gerente usuário a ser denominado de gestor do projeto do usuário;
- entender como o planejamento das atividades de implantação será controlado, reavaliado e modificado pelo gestor;
- avaliar o detalhamento dos processos de negócios e uso das ferramentas indicadas para a desenvolvimento, testes, treinamento e implantação do projeto de negócio;
- avaliar a revisão pós-implantação e o nível de satisfação do usuário, os benefícios alcançados e a eficiência operacional do projeto implantado.

8.1 Introdução

O projeto estratégico a ser implantado pela organização agora está na arena dos usuários que os solicitaram, e que agora têm recursos para desenvolvê-lo. Como em qualquer projeto estratégico, a equipe deverá ser montada, um planejamento específico do projeto deverá ser preparado, usuários deverão ser treinados para executar determinadas atividades, tudo isso com a responsabilidade de colocar o projeto em marcha. E de participarem do processo de mudança organizacional.

Caberá ao gerente da área indicado como gestor do projeto preparar o planejamento do projeto. Caberá a esse executivo definir como fará a administração do projeto e como realizará os controles que assegurarão recursos necessários, atendimento de prazos e obtenção de produtos acabados. A Figura 8.1 apresenta as três atividades de gerenciamento do projeto de negócio do usuário:

Figura 8.1 As três atividades de gestão do projeto do usuário

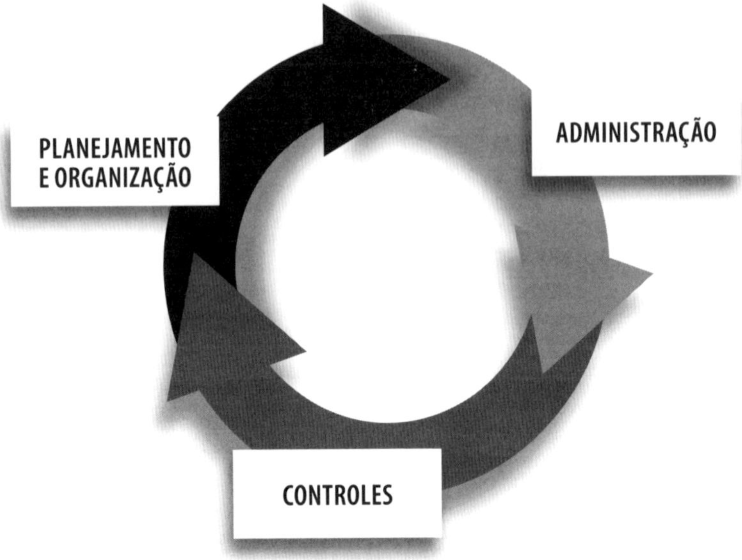

8.2 Fase de planejamento e organização

É durante esta fase da implantação do projeto que o gestor da área usuária irá:

- Organizar o trabalho em segmentos lógicos;
- Dividir o trabalho em unidades controláveis;
- Estabelecer sequência de desenvolvimento das tarefas;
- Identificar as habilidades necessárias e alocá-las ao projeto;
- Definir cronograma;
- Definir a coordenação e o controle dos esforços da equipe.

O programa de trabalho-padrão foi elaborado na Etapa de desenvolvimento do plano de negócios e enviado para a área usuária. A metodologia e a ser adotada e as ferramentas indicam os tempos padrões para desenvolver as principais tarefas do projeto, indicando os prazos finais para realização das mesmas. Cabe ao gestor do projeto na área usuária preparar o programa de trabalho do projeto para aquela área especificamente. E é reponsabilidade do gestor sugerir a contratação de serviços de terceiros para a composição da equipe de projetos, devidamente autorizado pelo comitê executivo.

É importante frisar que o programa de trabalho de cada área usuária é sumariado no plano de trabalho geral do plano para efeito de acompanhamento e controle.

A Figura 8.2, apresenta as atividades iniciais que a gerência dos usuários, agora gestor do projeto de mudança da área, deve executar logo no início dos trabalhos.

Figura 8.2 Atividade de planejamento do projeto da área usuária

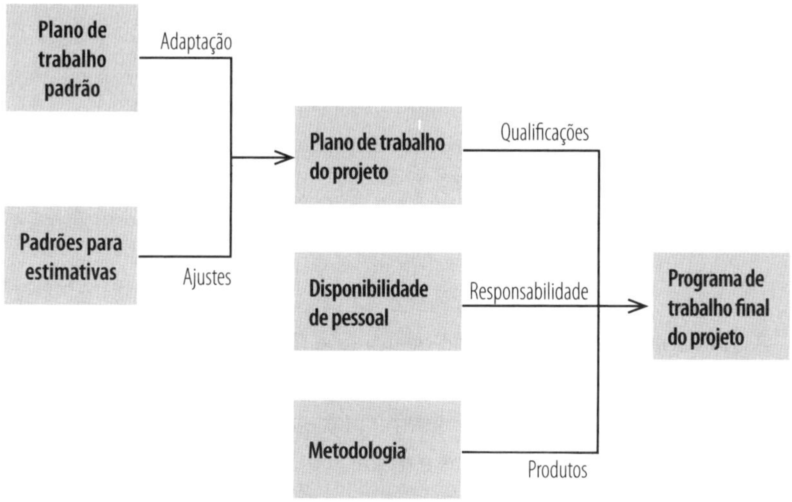

O gestor do projeto deverá ter o escopo do projeto e as revisões elaboradas durante as discussões para a composição do plano de negócios, bem como as diretrizes que deverão ser utilizadas para estabelecer o cronograma (estimativas de tempo para execução de tarefas, habilidades disponíveis para compor a equipe, necessidade de recursos externos e análise de risco para implantar o projeto.

Os produtos da fase de planejamento do projeto de negócios são:

- Plano de Trabalho (tarefas e programação, passos, descrição, necessidade de pessoal por habilidade funcional ou técnica, estimativas de tempo, fatores externos ao projeto);
- Cronograma em formato de diagrama de barras (estimativas razoáveis, contingências, grau de dificuldade);
- Programa de trabalho da equipe: definição dos responsáveis por tarefas, distribuição de tarefas por cargos, datas de início e fim de cada tarefa, compatibilidades com o cronograma, produtos por tarefa;
- Aprovação pela organização.

8.3 Fase de administração do projeto de negócios da área usuária

É durante esta fase que o gestor irá realizar a:

- Designação de tarefas;
- Delegação dos trabalhos;
- Controle centralizado de documentação;
- Reuniões formais com a equipe para acompanhamento do projeto;
- Controlar se o escopo está sendo mantido;
- Alocação de tempos da equipe;
- Alocação de profissionais para treinamentos específicos;
- Análise da motivação da equipe e as razões;
- Analisar o moral da equipe;
- Coleta de dados para preparação de reportes gerenciais de apresentação ao comitê.

As principais preocupações do gestor que devem ser resolvidas com a administração do projeto de negócios são:

- Andamento do projeto conforme planejado;
- Certeza de atingir objetivos e metas;
- Confiança de que problemas são tratados adequadamente;
- Equipes trabalhando de forma harmoniosa e produtiva.

8.4 Fase de controle do projeto de negócios da área usuária

É durante esta fase que o gestor irá indicar os direcionamentos a serem utilizados para se certificar de que o projeto se desenvolve adequadamente. Os objetivos da atividade de controle do projeto é que permitem assegurar que as atividades desenvolvidas no dia a dia foram executadas e supervisionadas (administração). A atividade de controle de projeto exigirá do gestor e da equipe que as tarefas e os produtos sejam claramente definidos e que as técnicas e ferramentas de acompanhamento do projeto, análise das tarefas, informação obtida e repassada e decisões tomadas sejam conhecidas da equipe de projeto.

Caberá ao gestor do projeto na fase de controle:

- Acompanhar o desempenho do projeto, observando responsabilidades e padronização, visando atingir a qualidade do produto e o progresso planejado;
- Analisar desempenho do projeto identificando problemas e possíveis ações corretivas;
- Reportar situação atual e desempenho ao comitê diretivo, salientando problemas e sugerindo soluções;
- Comunicar decisões da alta administração para a equipe de projeto;
- Realimentar o processo de controle revisando planos e programas de trabalho.

Alguns dos principais elementos de controle de projetos podem ser obtidos com a elaboração das seguintes estatísticas de análise de variação:

1. Variação do tempo gasto
    - Quanto tempo os elementos da equipe estão dedicando ao projeto?
2. Variação de eficiência
    - Qual é a produtividade dos elementos da equipe?
3. Variação de progresso
    - Como está caminhando o projeto em relação aos prazos originais?

O relatório de acompanhamento do projeto, que deve ser conhecido por toda a equipe, deve conter, no mínimo:

1. Objetivo
    - Informar ao comitê executivo o andamento e a situação do projeto
2. Conteúdo
    - Sumário da situação atual
    - Problemas encontrados
    - Atividades encerradas no último período
    - Planejamento do próximo período
    - Tópicos para aprovação do comitê
3. Frequência
    - Mensal, de preferência
    - Nunca, de frequência menor do que semanal

8.5 Problemas em projetos estratégicos

Alguns pontos importantes a considerar ao se desenvolver projetos estratégicos pelas áreas usuárias estão abaixo reportados:

- Pouca experiência do gestor no gerenciamento de projetos;
- Falta de comunicação entre os participantes do projeto;
- Os requisitos dos negócios são muito complexos ou mal definidos;
- A tecnologia utilizada é nova ou complexa;
- Os requisitos são de missão crítica (24x7);
- O projeto é de longa duração e exigirá muitos recursos e horas de trabalho;
- Integração de equipes virtuais formadas por empresas distintas;
- Os processos de negócios passam por mudanças frequentes; e
- Projetos de implementação de pacotes com grandes necessidades de personalização.

8.6 Benefícios da gestão de projetos estratégicos pelas áreas usuárias

- Visibilidade do andamento dos projetos;
- Imediata identificação de problemas e aplicação de correções;
- Redução dos riscos;
- Redução dos custos;
- Cumprimento dos prazos;
- Melhor qualidade; e
- Melhor satisfação dos clientes e da equipe do projeto.

8.7 Considerações finais

Projetos estratégicos aprovados devem ser implantados pelas áreas usuárias que se beneficiarão de seus resultados. O gestor do projeto deve ser, preferencialmente, gerente de área, reportando-se ao comitê executivo para apresentar o andamento do projeto. A metodologia e os padrões devem ser os definidos pelo plano de negócios.

Resumo

O estudo deste capítulo possibilitará o entendimento de como deverá se proceder ao desenvolvimento, implantação e controle dos projetos estratégicos aprovados, de acordo com as restrições de recursos e prazos e a importância da finalização de projetos que sejam pré-requisitos para que o plano de negócios não se paralise. Papel fundamental agora é das áreas que implementam os projetos e da efetiva comunicação com outras áreas organizacionais que dependem da solução a ser obtida. O conceito mais importante aqui é a gestão de projetos, entendido como planejamento e organização do projeto de negócio, sua administração e controles necessários.

Questões para dicussão

1. Explique por que projetos estratégicos conduzidos pelos usuários podem falhar.
2. Quais são as diferenças entre plano de trabalho e programa de trabalho de um projeto?
3. Como se relacionam plano e programa de trabalho de projeto?
4. Explique os conceitos de eficiência e eficácia de um projeto.
5. Qual é a importância de se ter um gestor da área de negócios conduzindo um projeto da área? Esse profissional é o mais adequado para desenvolver essa atividade? Ele pode ser substituído?

Referências

ACKOFF, R. L. *A concept of corporate planning*. Englewood Cliffs: John Willey & Sons, 1970.

ALBERTIN, A. L. *Administração de informática*: funções e fatores críticos de sucesso. 6. ed. São Paulo: Atlas, 2009.

______. *Comércio eletrônico*: modelo, aspectos e contribuições de sua aplicação. Colaboração: R. M. Moura. 6. ed. São Paulo: Atlas, 2010.

ALMEIDA, M. I. R. Desenvolvimento de um modelo de planejamento estratégico para grupos de pequenas empresas. Tese (Doutorado) – Faculdade de Economia, Administração e Contabilidade, Universidade de São Paulo, São Paulo, 1994.

ANSOFF, I. *A nova estratégia empresarial*. São Paulo: Atlas, 1991.

CAMPBELL, A. Tailored, not benchmarked: a fresh look at corporate planning. *Harvard Business Review*, p. 41-50, mar./apr. 1999.

CERTO, S. *Modern management*: diversity, quality, ethics and global environment. Needham Heights: Allyn & Bacon, 1989.

CONTADOR, J. C. Planejamento estratégico: recomendações sobre os ambientes interno externo. *Revista de Administração de Empresas*. São Paulo: Fundação Getulio Vargas, v. 35, n. 2, p. 43-56, mar./abr. 1995.

DANIELS, J. L.; DANIELS, N. C. *Visão global:* criando novos modelos para as empresas do futuro. São Paulo: Makron Books, 1996.

FRANCIS, J. C. *Investments*: analysis and management. 5. ed. New York: McGraw-Hill International Editions, 1991. (Finance series).

IRELAND, R. D.; HOSKISSON, R. E; HITT, M. A. *The management of strategy*: concepts and cases. 8. ed. UK: South-Western Cengage Learning, 2009.

______. Strategic management: competitiveness and globalization concepts and cases. 5. ed. UK: South-Western Cengage Learning, 2003.

KAPLAN, R. S.; NORTON, D. P. The balanced scorecard: measures that drive performance. *Harvard Business Review*, jan./feb. 1992.

KLEIN, S.; PIGNEUR, Y.; SCHMID, B. *Electronic markets in Switzerland*: a review study. [S.l.]: Swiss Science Council; Technology Assessment Program, 1996.

KOTLER, P. *Administração de marketing*: análise, planejamento, implementação e controle. São Paulo: Atlas, 1998.

MCFARLAN, E. W.; MCKENNEY, J. L.; PYBURN, P. The information archipelago: plotting a course. *Harvard Business Review*, v. 61, n. 1, p. 145-156, jan./feb. 1983.

MINTZBERG, H.; QUINN, J. *The strategy process*: concepts and contexts. New Jersey: Prentice Hall, 1992.

MOTTA, P. R. *Planejamento estratégico*: dimensões sistêmico-gerenciais. Porto Alegre: Fundação para o Desenvolvimento de Recursos Humanos, 1979.

OLIVEIRA, D. de P. R. *Estratégia empresarial*: uma abordagem empreendedora. 6. ed. São Paulo: Atlas, 1991.

______. Planejamento estratégico: conceitos, metodologias, práticas. São Paulo: Atlas, 1991.

PEREIRA, H. J.; SANTOS, S. A. *Criando seu próprio negócio*: como desenvolver um potencial empreendedor. São Paulo: Sebrae, 1995.

PETERS, T. J. *In search of excellence*: lessons from America best run companies. New York: Harper & Row, 1982.

PORTER, M. E. *Estratégia competitiva*: técnica para análise de indústria e da concorrência. Rio de Janeiro: Campus, 1991.

______. *The competitive advantage of nations*. New York: Free Press, 1998.

RESNIK, P. *A Bíblia da pequena empresa*. São Paulo: Makron Books, 1990.

RUE, L.; IBRAHIM, N. The relationship between planning sophistication and performance in small business. *Journal of Small Business Management*, 1998.

SHEEDY, E. *Guia do empreendedor para fazer a empresa crescer*. São Paulo: Nobel, 1996.

SILBIGER, S. *MBA em 10 lições*. Rio de Janeiro: Campus, 1996.

SYNNOTT, W. R. *The information weapon*. New York: John Wiley, 1987.

SZULANSKI, G.; JENSEN, R. G. Presumptive adaptation and the effectiveness of knowledge transfer. *Strategic Management Journal*, v. 27, p. 937-957, 2006.

TAPSCOTT, D. *The digital economy*: promise and peril in the use of networked intelligence. New York: McGraw-Hill, 1996.

TICOLL, D.; LOWY, A.; KALAKOTA, R. Joined at the bit: the emergency of the e-business community. In: ______; TAPSCOTT, D.; LOWY. A. *Blueprint to the digital economy*: creating wealth in the era of e-business. New York: McGraw-Hill, 1998.